버리지 않아도 정리가 된다

버리지 않아도 정리가 된다

이토 유지 지음 | 윤재 옮김

갈매나무

Contents

part 6 즐겁게 정리해야 내 인생이 빛난다

꼭 버리지 않아도 괜찮습니다

"물건이 얼마나 많은지 집이 아주 너저분해요!"

"치워도 치워도 금세 또 난장판이 되더라고요."

"정리정돈 하나도 제대로 못하는 나 자신이 짜증나고 한심해요……."

'정리'에 관해 상담을 하다 보면 의뢰인들로부터 다양한 고민을 듣습니다. 모두들 하나같이 집을 깨끗하게 정리하기 위해 많은 노력을 합니다. 정리에 관한 책을 몇 권씩 사서 닥치는 대로 읽어보기도 하고, 텔레비전이나 잡지의 '정리 특집'에서 소개한 방법을 시도해보기도 합니다. 여러분도 마찬가지일 테지요.

하지만 물건을 버리기란 생각만큼 쉽지 않고, 책이나 텔레비전에서 나왔던 것처럼 정리가 마냥 수월하지만도 않을 겁니다. 그 과정에서 정리조차 만족스럽게 하지 못하는 스스로에게 짜증이 치밀거나 '나란 인간은 정말 쓸모없구나' 하는 생각이 들어 기분이 가라앉을 때도 있겠지요.

정리를 못한다고 스스로 한심하게 여길 필요 없다

많은 사람들이 '정리 = 물건을 버리는 일'을 하나의 공식처럼 여기고 있는 듯합니다. 요즘 들어 '물건은 최소한의 것만 가져도 충분하다', '물건이 늘어나기 시작한다고 느낀다면 바로 버려라' 하는 풍조 역시 상당히 강해졌습니다.

저는 공간 심리 상담가라는 일을 합니다. 처음 만나는 자리에서 명함 교환을 할 때면 제 직함을 보고 조금 민망한 듯이 이렇게 물어보는 분들이 적지 않습니다.

"정리를 하려면 아무래도 물건부터 버리는 게 순서겠죠? 그런데 그게 참 힘들더라고요……."

그럴 때 많은 사람들이 '정리 = 버리는 일'이라는 공식을 갖고 있다는 사실을 통감합니다. 실생활에서도 '정리를 하려면 물건부터 버려야 해!'라는 믿음 때문에 괴로워하는 사람이 정말 많습니다. 곁에서 보는 저까지 왠지 마음이 아릴 정도이지요. 하지만 사실 이런 믿음은 잘못된 것입니다. 실제로 상담을 시작할 때, 저는 의뢰인에게 가장 먼저 이렇게 조언을 합니다.

"꼭 버리지 않아도 됩니다!"

이 말에 처음에는 다들 깜짝 놀라다가 이내 "농담하지 마세요. 물건을 안 버리면 어떻게 정리가 됩니까?" 하고 되묻기도 합니다.

하지만 이건 틀림없는 사실입니다. 물건을 버리지 않아도 집은 충분히 정리할 수 있습니다. 저는 지금까지 8000명 이상의 의뢰인을 상담해왔으며, 대부분의 의뢰인이 집 안을 깨끗하게 정리하는 데 성공했습니다. 확률로 따지면 90퍼센트 이상이라고 말할 수 있습니다.

당연히 매번, 어느 의뢰인에게나 "물건을 버리지 않

아도 됩니다"라는 조언부터 합니다. 다만 철저히 지키도록 강조하는 것이 두 가지 있습니다.

집 안에서 딱 한 군데만 깨끗하게 정리할 것
물건을 꺼내서 깨끗이 닦고, 도로 제자리에 넣을 것

어느 곳이든 물건을 꺼내서 깨끗이 닦은 다음 원래 있던 자리에 다시 넣으세요. 이것만 지키면 됩니다. 이제껏 어찌할 바 모르고 '버리지 않으면 절대 깨끗해지지 않을 거야. 하지만 도통 버릴 수가 없어'라고 고민했다면 안심하세요. 반드시 버리지 않아도 집이 깨끗하게 변할 수 있습니다. 앞으로 그 방법을 하나씩 소개해보겠습니다.

여러 차례 강조하지만, 물건을 버리지 않아도 집은 정리될 수 있습니다. 꼭 그 효과를 실감해보시길 바랍니다.

버리지 않아도 누구나 할 수 있는 정리의 기술,
이제 당신이 시작할 차례입니다.

그냥 버리기만 하면 해결되는 일은 아무것도 없습니다.

뭐든 '버리면 그만이지'라고 생각하다가는

인생의 흐름까지도 내가 바라던 방향에서 멀어질 수 있습니다.

이제부터는 '버리자'보다는

'지금 내가 가진 것을 소중히 여기자'로

발상을 전환해보면 어떨까요?

Part 1

"추억 때문에
도저히 못 버리겠어요."

자꾸만
버려야 한다고
닦달하고 있지 않나요

'이상하네, 어떻게 물건을 버리지 않아도 집이 깨끗해진다는 거지?'라고 생각하는 사람도 분명 있을 겁니다. 하지만 물건을 버리지 않아도 집이 깨끗해질 수 있는 것은 틀림없는 사실입니다.

정확히 말하자면 '물건을 버린다'에서 '물건을 놓아준다'로 감각을 바꿔가야 합니다. 흔히 물건을 '버린다'라고 말하면 그것이 '필요 없다', '세상에서 완전히 없애버린다'와 같은 어감을 줍니다. 억지로 마음에서 제거해버리는 듯한 느낌이 있지요.

그러나 '물건을 놓아준다'라고 말하면, 마치 물고기

를 연못에 놓아주듯이 자연스럽게 '이건 지금 나한테는 필요 없어'라고 생각할 수 있게 됩니다. 이 정리법을 실천하다 보면 '지금 나에게 필요한 물건'과 '그렇지 않은 물건'이 자연스럽게 보이기 시작합니다.

'물건을 놓아준다'라는 마음이 필요하다

"버리지 않아도 괜찮습니다"라고 여러 차례 조언하는데도 불구하고 실제로 정리 상담을 받고 난 후 의뢰인 거의 대부분이 자기 의사로 물건을 '놓아주고 싶어졌다'라고 말합니다. 누군가의 말에 따라 버리는 것이 아니라 자신의 결정에 따라 놓아주는 것이기 때문에 미련도 0퍼센트, 전혀 남지 않습니다.

사람에게는 미련이 남은 물건을 놓아주면 무의식중에 그것을 다시 끌어오려고 하는 습성이 있습니다. 그러나 자신의 의사로 놓아주겠다고 결정하면 누군가의 말에 따라 떨떠름하게 결정한 일이 아닌 만큼 미련도 생기지 않습니다. 또한 허전함을 채우기 위해 새로운 물건을 들이려는 마음도 갖지 않게 되지요.

무턱대고 새로운 물건을 사지 않게 되므로 물건이

다시 쉽게 늘어나지도 않습니다. 지금 나에게 필요한 것들만 남으니 아주 말끔하고 간소해집니다.

집뿐만 아니라 나의 마음도 개운해집니다. 내가 정말 원하는 방향이 무엇인지, 하고 싶은 일이 무엇인지와 같은 문제가 명확해지기 시작하는 것이지요.

물건을 '버린다'라고 말하면

그것이 '필요 없다', '세상에서 완전히 없애버린다'와 같은

어감을 줍니다.

억지로 마음에서 제거해버리는 듯한 느낌이 있지요.

그러나 '물건을 놓아준다'라고 말하면,

마치 물고기를 연못에 놓아주듯이 자연스럽게

'이건 지금 나한테는 필요 없어'라고

생각할 수 있게 됩니다.

그 안에 깃든
'마음'을 놓지 못하는 것은
아닐까?

'쓸데없는 물건들을 좀 줄여야 할 텐데' 하고 생각하면서도 좀처럼 놓아주지 못해 마냥 스트레스만 쌓였던 경험은 누구에게나 있을 겁니다. 사실 물건을 버리지 못하는 것은 물리적인 이유가 아니라 그저 물건에 깃든 '마음'을 놓아주지 못하는 심리적인 이유 때문입니다.

'값이 비싼데도 큰맘 먹고 샀던 거라서', 혹은 '아직 못 읽은 책이니까', '힘들게 주문해서 받은 물건이라서'와 같이 물건에 깃든 마음을 끊어내지 못해서 버리지 못하는 것이지요.

한번 생각해봅시다. 당신이 버리려고 하는 그 물건,

과연 처음부터 '필요 없는 물건'이었을까요? 그것을 처음 손에 들었던 순간을 떠올려보세요.

예컨대 지금은 옷장 안에 잠들어 있는 그 옷, 지친 마음으로 퇴근하는 길에 환한 쇼윈도에 진열된 것을 보고 한눈에 반해서 나도 모르게 충동구매하지는 않았던가요?

책상 위에서 조용히 먼지만 뒤집어쓰고 있는 그 인형, 첫 해외여행 기념으로 구매했던 것은 아니었는지요? 책장에서 한 번도 꺼낸 적 없는 그 책, 기분이 우울하던 주말 재미있을 것 같아서 산 것은 아니었습니까?

그렇습니다. 어떤 물건이든 다 내가 그 순간 '원했기' 때문에 갖게 된 것은 틀림없습니다. 즉 처음부터 필요 없는 물건은 아니었다는 말이지요. 그리고 당신과 당신의 물건들 사이에는 분명 대체로 어떠한 '만남의 순간'이나 '추억', '이야기'가 깃들어 있을 겁니다.

물건을 버리는 행위는 그러한 '좋은 만남', '좋았던 기억'까지도 전부 치워버리는 결과로 이어집니다.

스스로의 마음을 억지로 끊어낼 필요는 없다

지금 당신 손 안에 있는 대부분의 물건은 당신이 스스로 '갖고 싶다!'라고 판단했기 때문에 갖게 된 것입니다. 그렇다면 놓아줄 때에도 직접 '지금 나에게 이건 더 이상 필요 없어'라고 판단할 필요가 있겠지요. 앞서 살짝 이야기했듯이, 스스로 결정한 일에는 미련도 남지 않게 마련입니다.

이제부터 소개할 정리법을 실천해보면, 당신이 갖고 있는 물건이 지금 나에게 꼭 필요한 물건인지, 아닌지가 명확해질 겁니다.

자신의 마음을 억지로 끊어내면서까지 덮어두고 버리는 일은 이제 그만해도 괜찮습니다. 가장 중요한 것은 지금 있는 물건을 소중히 여기는 마음입니다.

지금 당신 곁에 있는 물건은 적어도 처음 손에 넣었을 시점에는 당신에게 꼭 필요한 물건이었습니다.

이 사실을 잊지 않길 바랍니다.

물건을 버리지 못하는 것은 그 속에 '추억'과 '이야기'가 있기 때문 아닐까요?

버릴 때의
속 시원한 감정은
일시적이다

　물건을 버리는 순간에는 아주 속이 시원합니다. "물건을 버리면 인생의 흐름이 변한다"라는 말이 금방이라도 현실화될 듯 느껴지기도 합니다. 하지만 그 흐름이 반드시 '호전(好轉)'이라고 장담할 수 있을까요?

　버리면서 얻는 속 시원한 감정은 일시적인 것에 지나지 않습니다. 정리에 대한 근본적인 인식이 바뀌지 않으면 얼마 지나지 않아 물건은 또다시 늘어나기 시작합니다. 버리면 생기고 또 버리면 생기길 반복할 뿐, 본질적으로는 아무것도 바뀌지 않는 것이지요.

버린다고 인생이 갑자기 변하지는 않는다

그냥 버리기만 하면 해결되는 일은 아무것도 없습니다. 뭐든 '버리면 그만이지'라고 생각하다가는 인생의 흐름까지 내가 바라던 방향에서 멀어질 수 있습니다.

예전에 상담했던 A 씨는 집에 물건이 쌓이기 시작하면 이사 가는 일을 반복했습니다. 새로 옮긴 집에서 방마다 물건이 쌓이면 당연하다는 듯 또 다른 집으로 이사했지요. 마치 '셋방을 전전하는' 사람처럼 말입니다.

집에 물건이 늘어나면서 점점 좁아지는 것 같으면 정리를 하려 들지 않고 아예 사는 집을 바꾸려 하는 것입니다. 바꿔 말하면 지금 사는 곳을 소중히 여기기보다 '버리자'라는 발상부터 한 것이지요.

그의 이야기를 들은 순간 '뭔가 잘못된 것 같은데?' 하는 위화감을 느꼈습니다. 이사 비용 또한 만만치 않을 텐데, 근본적으로 정리에 대해 고민해야 해결될 문제라는 생각이 들었던 것이지요. 무엇보다 자기 삶의 터전을 소중히 생각하지 않는 것에 뭔가 잘못되었다는 느낌이 들었습니다.

상담을 계속하면서 A 씨가 직장에서도 비슷한 행동

을 보인다는 사실을 발견했습니다. 근무하던 회사에서 작은 문제가 일어나면 이를 '해결'하려고 시도하기보다는 '퇴사'를 선택하는 경우가 반복된 것이지요. 집이 좁아지면 이사를 다니는 것처럼 직장도 이곳저곳을 전전하고 있었습니다.

A 씨는 결과적으로 경력에도 도움이 되지 않을 뿐더러, 자신이 하고 싶은 일과는 점점 동떨어진 일을 하고 있었습니다.

일을 소중히 여기지도, 불가피하게 닥친 상황에 똑바로 마주하지도 않고 바로 '버리자'라고 결론을 내리는 탓이었지요.

무조건 버리기만 하는 정리의 허탈감

이렇게 '버리는 일이야말로 인생을 전환하는 데 가장 중요한 첫걸음이다', '버리면 인생의 흐름이 바뀐다'라는 공식을 인생의 모든 면면에 적용해버리면 어느새 삶은 내가 바라는 것과는 전혀 다른 방향으로 나아가버립니다.

내가 가지고 있는 것들을 한꺼번에 다 버리면 지금껏 쌓아온 것들까지 버리는 일도 생길 수밖에 없지요. 흐름이야 눈에 띄게 변할 수 있겠지만, A 씨의 사례처럼 때로는 '더 나은 상황'으로 전환된다고 말하기 어려운 경우도 있습니다.

물건을 한꺼번에 버리는 편을 선호하는 사람들 가운데 몇몇은 간혹 인간관계에서 이런 경향을 보이기도 합니다. 예컨대 연애를 할 때 처음에는 마냥 좋기만 했던 상대가 사귀다 보니 점점 매력 없게 느껴집니다. 그 사람과 헤어진 뒤에 '다음에는 더 좋은 사람을 찾아야지' 결심하고 다른 사람을 만나지만 이 사람은 전 애인보다 더 매력이 없는 것 같습니다.

또 헤어지고 새로운 사람을 만나보지만 이 사람 역시 다를 바 없고, 결국 그 누구와도 진정한 관계를 맺지 못한 채 나날이 허탈감만 커집니다. 이것은 인간관계마저 앞뒤 재지 않고 무조건 잘라내 버린 결과인지도 모릅니다.

이제부터는 '버리자'보다 '지금 내가 가진 것을 소중히 여기자'로 발상을 전환해보면 어떨까요?

'내 주변에 있는 것을 소중히 여기자. 가까운 인간관계부터 소중

히 여기자.'

이렇게 시점을 바꿔보면 물건이든 사람이든 이제껏 보지 못했던 진짜 좋은 점이 보이기 시작할 겁니다. 이 제껏 '필요 없어!'라고 생각했던 물건도 이런 관점으로 다시 보면 '지금의 용도보다는 다른 데에 더 쓸 만하네' 라고 깨달을지도 모릅니다.

인간관계에서도 마찬가지입니다. '이 사람은 이런 부분이 정말 별로야! 나랑 너무 안 맞아!'라고 생각했더라도 이런 시점으로 다시 보면 '이 사람의 장점은 다른 데 있다'라는 사실을 분명히 발견해낼 수 있습니다.

물건을 대하는 방식과 사람을 대하는 방식에는 어딘가 닮은 부분이 있지요. 그래서 물건을 소중히 여기지 않는 사람은 인간관계 역시 소중히 여기지 않는다고 말할 수 있는지도 모릅니다.

물건을 대할 때 '필요 없어지면 버려야지'라고 생각한다면 타인을 대할 때에도 단점을 먼저 보고 '나랑 안 맞으면 미련 없이 관계를 끊어버려야지'라는 생각을 갖기 쉽습니다.

하지만 물건을 소중히 여기는 자세가 익숙해지면 타인의 장점도 잘 찾아낼 수 있게 됩니다. 이 책에서 소개하는 정리법을 실천한다면 자연스럽게 이런 발상법을 익힐 수 있을 겁니다.

버리면서 얻는 속 시원한 감정은

일시적인 것에 지나지 않습니다.

정리에 대한 근본적인 인식이 바뀌지 않으면

얼마 지나지 않아 물건은 또다시 늘어나기 시작합니다.

버리면 생기고 또 버리면 생기길 반복할 뿐,

본질적으로는 아무것도 바뀌지 않는 것이지요.

얼마든지
어질러도 되는
'안심 공간'이 필요하다

공간을 깨끗이 하는 데에만 정신을 빼앗기면 조금이라도 더럽거나 어질러지기만 해도 짜증이 치밀거나 기분이 가라앉기 쉽습니다.

하지만 좀 어지르면 어떻습니까. 세상 사람들이 다 정리를 잘하지는 못해도 '어지르기'는 아무나 할 수 있는 일이지요. 다만 어지르는 방식을 바꿔보면 어떨까요?

공간을 어지럽히면 안 된다고 스스로를 규제하면 나만 괴로워집니다. 그러니 지금부터는 어지르기를 무조건 부정하는 일은 그만두고 지금까지 어질러왔던 방식을 살짝 달리해보기를 권합니다.

가장 먼저 '어지르는 장소'를 정합니다.

집 안에서 어질러도 괜찮은 곳, 이른바 '안심 공간'을 만드는 겁니다.

무리하게 깨끗한 상태를 유지하지 않아도 되는 곳

만약 이제껏 바닥에 마구잡이로 물건을 늘어놨었다면 오늘부터는 그것들을 안심 공간에 둡시다. 집에 돌아오면 열쇠, 가방, 옷 따위를 어서 홀홀 던져버리고 싶지 않나요? 그것들을 전부 이곳으로 가지고 가는 겁니다. 그렇게 하면 바닥에 여유 공간이 생깁니다.

또 집 안에서 한 군데만 어질러져 있으니 점점 그것이 눈에 띄고 신경 쓰이기 시작할 수 있습니다. 그러다 보면 언젠가 '저 공간을 한번 정리해볼까?'라는 생각이 들 때도 생길 겁니다. 그런 생각이 들기 전까지는 무리하게 정리해야 한다는 부담을 갖지 않아도 됩니다.

지저분해도 괜찮습니다.

어질러진 곳이 있어도 괜찮아요.

그저 행동을 조금만 바꿔보면 됩니다.

이것이 바로 집 정리를 시작하기 위한 첫걸음입니다. 어떻습니까, 이렇게 생각하니 마음이 제법 편해지지 않나요?

정리가 잘되지 않을 때는 '어지르는 방식'을 바꿔봅시다.

"내가 정말로
바라는 것은
무엇일까?"

여기서 제가 소개하는 정리법은 무척이나 간단합
니다. 앞에서 이야기했던 두 가지 규칙을 기억하면 됩
니다.

물건을 버리지 않아도 된다.
일부러 정리하려고 하지 않아도 된다.

'일부러 정리하려고 하지 않아도 된다'라는 말에는
두 가지 의미가 있습니다.

그 하나가 정리를 '최종 목표'로 삼아서는 안 된다는

것입니다. 왜 정리를 '최종 목표'로 삼으면 안 될까요? 정리를 최종 목표로 삼는다고 해서 의욕이 향상되는 일은 전혀 없기 때문입니다.

당신에게 정리는 '내가 진짜 하고 싶은 일'인가요?

아마도 많은 사람들이 '집을 깨끗이 하려면 어쩔 수 없이 해야 하는 일지만 귀찮아', '만약 선택할 수 있다면 하고 싶지 않다'라고 생각하지 않을까요?

놀랄 일도 아닙니다. 저 역시 정리가 '진짜 하고 싶은 일'은 아니니까요. 그런데 의외로 '하고 싶지 않은 일'을 최종 목표로 삼는 사람들이 깜짝 놀랄 만큼 많습니다.

"꼼꼼하게 청소해서 깨끗한 집 만들기'를 목표로 정했는데 손톱만큼도 마음이 내키지 않고, 의욕도 전혀 생기지 않더라고요."

그야 당연합니다. '하지 않으면 안 되는 일'이라는 생각은 들어도 '하고 싶은 일'이라는 생각은 들지 않을 테니까요. 사람은 스스로 '하고 싶다'라고 생각한 일은 어느 누구의 반대에 부딪히더라도 반드시 해내기 마련입니다.

간혹 의지를 다잡고 집을 정리할 마음이 들지 않아

도 스스로를 다독이며 열심히 청소하고 깨끗한 집 만들기에 성공하는 사람도 있습니다. 이른바 '최종 목표'에 도달하는 것입니다. 그러나 이렇게 해서 집이 깨끗해진다 한들 그 기쁨은 순간적일 수밖에 없습니다. 정작 나를 둘러싼 상황에는 전혀 변화가 없기 때문이지요.

집은 깨끗해졌지만 그로 인해 새로운 만남이 생기거나 일상생활에 어떤 변화가 일어나는 것도 아니니 "집을 깨끗이 치우긴 했지만 이게 정말 내가 바랐던 상황인가?" 하며 실망하는 사람들도 많습니다.

정리는 꿈을 이루기 위한 연습

왜 집이 정리되었는데도 행복해지지 않는 걸까요? 집 정리가 내가 가장 바라는 일은 아니었기 때문입니다.

실은 '더 나은 인간관계를 맺고 싶은 마음'이나 '가족과 함께하고픈 소망', '천직을 찾고 싶은 욕망'이 이루어지기를 바라는 것이 집을 정리하는 진짜 속내이지요. 그러므로 정말로 원했던 일이 해결되지 않는 이상 만족할 수가 없습니다.

이렇게 사람은 '나의 공간을 깨끗이 함'으로써 궁극적으로 '내가 정말 하고 싶은 일, 바라는 일'을 이루고자 합니다. 그러니 자신이 이루고자 하는 그 바람을 최종 목표로 설정하는 편이 좋겠지요.

맞습니다. 정리를 그저 공간을 깨끗이 만드는 행위가 아닌 '나의 꿈을 이루기 위한 연습'이라고 생각해보는 것입니다.

공간 심리 상담가인 저의 일은 '정리'를 통해서 의뢰인의 이야기를 듣고 그 마음속 깊은 곳에 잠재된 소망과 꿈을 찾아 밖으로 끌어내는 일인지도 모르겠습니다.

얼핏 정리와 꿈은 아무 관계도 없어 보이지만, 정리를 하다 보면 신기하게도 이 두 가지가 점점 이어지게 됩니다.

실제로 저에게 '정리는 꿈을 이루기 위한 연습이다'라고 생각하면서 일상을 보내는 방식이 변했다고 고백하는 의뢰인이 셀 수 없이 많았습니다.

이런 의뢰인도 있었습니다. 그 전까지만 해도 "매일 아침 회사원들로 꽉 찬 만원 지하철을 타고 학교에 다니는 게 죽을 만큼 힘들어요"라고 말하던 학생이었지요. 하지만 상담이 진행되는 동안 그의 생각은 이렇게 바뀌었습니다.

"아침마다 지하철을 타는 일이 내 꿈을 향해 나아가는 과정 가운데 하나라고 생각하기로 했어요. 그 다음부터는 만원 지하철도 더 이상 힘들게 느껴지지 않아요."

똑같은 행동인데도 나의 사고방식에 따라 이를 대하는 마음이 180도 바뀌는 것입니다.

어차피 같은 일을 해야 한다면 '진짜 싫다, 싫어'라고 생각하며 떨떠름하게 하기보다 '이게 다 훗날 결실로 이어질 거야!'라는 설레는 마음으로 해보면 어떨까요? 가장 먼저 마음이 편안해질 겁니다. 이런 자세의 가장 큰 장점은 무엇보다 내가 그 일을 즐겁게 생각할 수 있다는 데 있지요.

나 자신의 마음을 바꾸는 일은 어렵습니다. 그러나 정리를 하다 보면 자연스럽게 이런 긍정적이고 진취적인 마음이 생겨납니다.

'정리를 하면 나의 앞날에 더 좋은 일이 기다린다.'

이렇게 생각하면 정리가 한층 더 즐겁게 느껴지지 않을까요?

늘 깨끗해야
한다는
규칙은 없다

앞서 '일부러 정리하려고 하지 않아도 된다'라는 말에 두 가지 의미가 있다고 이야기했지요.

첫 번째는 '정리를 최종 목표로 삼으면 안 된다'라는 의미, 그리고 두 번째는 '으랏차차, 정리하자!' 하고 기합을 넣거나 '청소를 꼭 해야 돼!'라고 벼르지 말라는 의미입니다.

정리를 시작하기로 결심하면 나도 모르게 "티끌 하나 없이 깨끗하게 하자!" 하면서 주먹을 불끈 쥐고 스스로를 밀어붙이기 쉽습니다. 하지만 그러지 않아도 됩니다.

"정리하자!", "꼭 다 치워야 해!"라고 어깨에 힘이 들어갈 만큼 마음을 먹으면 '무슨 일이 있어도 꼭 깨끗하게 만들어야 해!', '완벽해질 때까지 싹 치워야 해!'와 같이 정리가 '의무'처럼 느껴질 수 있습니다.

스스로 옴짝달싹할 수 없을 정도로 과하게 마음을 먹으면 오히려 '하기 싫어', '귀찮아', '정리하기 싫어'와 같이 반대되는 마음들이 자라나기 시작합니다.

하고 싶지 않으면 안 해도 괜찮다

정리는 결코 의무가 아닙니다. 늘 깨끗해야 한다는 규칙은 아무 데도 없습니다. 티끌 하나 없이 깨끗한 공간을 만드는 것보다 언제든 마음이 편안한 공간을 만드는 것이 더욱, 무엇보다 중요합니다.

저의 경우는 책상에 앉아 일을 하다가 '좀 지치네', '일이 막히기 시작했군', '슬슬 지겹다' 싶어지면 기분을 전환할 겸 청소를 시작합니다. '살짝 창문을 좀 닦아볼까?' 혹은 '바닥이나 한번 닦아볼까?' 하면서 몸을 움직여보는 것이지요.

한 가지 일에만 집중하다 보면 생각의 범위도 그 틀

에 맞춰 고착되기 쉽습니다. 그럴 때 마음을 비우고 청소나 설거지를 해보면 순식간에 머리가 해방되는 느낌이 들지요. 그리고 그때까지 전혀 생각도 못 했던 좋은 아이디어가 떠오르는 일도 많습니다.

이렇게 '갑자기 생각날 때 정리하기'도 괜찮습니다. 이러면 사전 준비가 필요 없이 '남는 자투리 시간에 잠깐 정리나 해볼까?' 하는 기분이 들 수 있습니다.

실제로 '정리를 그만두니 집이 정리되었어요!'라고 말하는 의뢰인이 셀 수 없이 많습니다. 저는 정리 레슨 때마다 의뢰인에게 '정리하고 싶지 않으면 하지 않아도 됩니다'라는 이야기를 반드시 합니다.

기본적으로 한 달에 1회, 총 3회에 걸쳐 레슨을 진행하는데 제가 다음 시간에 찾아갈 때까지 한 달 동안 한 번도 청소하지 않았다는 의뢰인이 있었습니다. 그런데 놀랍게도 집은 예전만큼 지저분하지 않았습니다. 아마도 야금야금 조금씩 정리하는 습관이 자연스럽게 몸에 배었기 때문일 겁니다.

'딱히 청소하지 않아도 괜찮다'라고 인정하면 오히려 정리에 대한 인식이 높아지게 마련입니다. 결과적으로 자신은 의식하지 못하지만 실제로는 예전에 비해 제법 자주 정리하게 되는 셈이지요.

지나치게 기합을 넣지 말자.

너무 열심히 하지 말자.

억지로 물건을 버리려 하지 말자.

내가 할 수 있는 일부터 하자.

완벽하게 깨끗이 치우지 않아도 된다.

규칙이 꽤 느슨하지요? 하지만 이거면 충분합니다. 이런 마음으로 시작해보세요.

실제로 해보고 집이 조금이나마 깨끗해졌다면 실천한 나 스스로를 한껏 칭찬해주어야 합니다.

거창한
사전 준비가
필요하다는 착각

물건을 꼭 버리지 않아도 된다.

굳이 정리하려고 하지 않아도 된다.

그다음으로 제가 강조하는 것이 있습니다.

특별한 청소 도구는 필요 없다.

정리 레슨을 위해 의뢰인의 집을 방문할 때, 저는 청소 도구를 전혀 가져가지 않습니다. 청소에 필요한 특별한 도구가 따로 없기 때문이지요. 의뢰인의 집에서도 오로지 그곳에 있는 도구만 활용하여 청소합니다.

보통은 걸레를 쓰지만, 만약 걸레가 없다면 버리는 티셔츠와 같이 안 입는 옷가지를 잘라 사용합니다. 일반적으로 우리가 쓰는 걸레도 보통은 낡은 수건인 경우가 많지요.

그마저 없다면 '맨손'으로도 충분합니다. 부엌 곳곳의 기름때는 손으로 문지르면 꽤나 잘 닦입니다. 이처럼 거창하게 사전 준비를 하지 않더라도 스스로 할 수 있는 범위 내에서 하면 됩니다.

진심으로 필요한 물건부터 들이는 습관

정리를 잘하기 위한 비장의 청소 도구가 있다면 좋을 텐데, '청소 도구는 뭘 쓰든 상관없다'라니 실망스러울지도 모르겠습니다. 하지만 청소를 시작할 때에는 우선 집에 있는 것들만 사용해봅시다. 그러다 필요하다고 생각되는 청소 도구가 떠오르면 그때 새로운 도구를 들여도 됩니다.

청소하기 전부터 "이게 필요하지 않을까?" 혹은 "이런 게 있으면 좋겠지?"라는 추측을 바탕으로 무턱대고 청소 도구부터 장만하는 것은 금물입니다.

텔레비전 홈쇼핑에서 "아주 편리하답니다!"라고 소개하거나 잡지에서 "청소할 때는 이 아이템이 필수!"라고 광고하는 것을 보고 마음이 동해서 사더라도 실제로는 안 쓰는 경우가 곧잘 있기 때문입니다. 직접 행동해보지 않고 물건부터 들이려고 하면 실패할 확률이 높아집니다.

일단은 지금 갖고 있는 것을 활용해서 내가 할 수 있는 범위 안에서 움직여봅시다. 그리고 '이게 있으면 편하겠네', '이걸 사면 좋겠다'라는 욕구가 생기면 비로소 그때 새로운 청소 도구를 사는 편이 좋습니다. 내가 진심으로 필요하다고 생각해서 들이는 물건은 아주 유용하게 쓰게 됩니다.

이렇게 내가 할 수 있는 일부터 조금씩 해나가야 실천이 오래갑니다. 청소가 자연스럽게 습관화되고, 서서히 안정화될 수 있습니다. 게다가 불필요한 물건 때문에 짐이 늘어날 걱정도 없겠지요.

정리할
필요를 줄이는
행동과 습관이 중요하다

누구나 정리를 잘할 수 있습니다.

이것은 제가 단언할 수 있습니다. 저 자신이 바로 정리를 할 줄 몰라서 이른바 '돼지우리'에 살았던 장본인이기 때문이지요.

예전에는 청소나 정리라고 하면 이렇게 생각할 정도였습니다. '집이 지저분한 게 무슨 대수람. 사는 데 지장이 있는 것도 아니고, 청소 같은 건 시간 낭비일 뿐인데! 정리 같은 걸 대체 왜 하는 거야? 그런 걸 할 여유가 있다면 스스로에게 더 이득이 될 일을 하는 편이 훨씬 낫겠다!'

그러던 제가 지금은 사람들이 정리를 잘하도록 돕는 일에 종사하고 있으니, 인생은 참 무슨 일이 일어날지 알 수 없지요?

ADHD 진단을 받은 사람도 해낸 방법

'돼지우리'에 살던 시절, 저의 집은 그야말로 어마어마했습니다. 그때는 이삿짐 나르는 일을 하던 때여서 현장에서 무시무시할 정도로 지저분한 집들을 자주 봤었는데 저의 집은 그만큼이나, 아니, 그보다도 훨씬 심각했습니다. 이곳저곳 할 것 없이 물건들이 어수선하게 쌓여 있었지요.

비좁은 책상 위에는 산더미처럼 쌓인 서류와 우편물, 그 옆에 다 쓴 그릇과 컵이 널려 있었고, 바닥에는 책이며 옷가지가 몇 층이나 쌓여서 발 디딜 곳도 없을 정도였습니다. 저 역시 이런 경험이 있기 때문에 지저분한 집에 사는 사람들의 마음을 잘 이해할 수 있습니다.

그런데 정리를 못하는 원인 중 하나로 'ADHD 증후군', 즉 '주의력 결핍 과잉 행동 장애'가 제기되는 경우도 있습니다.

저는 과거에 "당신은 ADHD 증후군입니다. 100퍼센트 확실해요"라는 판정을 받은 적이 있습니다. "너는 정리 정돈을 하려야 할 수가 없어"라는 낙인이 찍힌 셈이었지요. 그러나 실제로는 정리를 아주 잘합니다. 뿐만 아니라 지금은 정리를 직업으로까지 삼고 있지요.

어쩌면 본질적으로는 정리에 서투르지만, 정리할 필요를 줄이는 행동과 습관을 익힌 덕분에 결과적으로 깨끗한 집을 유지하고 있는지도 모르겠습니다.

이 책에서 소개하는 정리법은 바로 이런 생활 습관을 실천하는 것이기도 합니다. 지저분한 집에 살았던 경험자이자 ADHD 증후군 진단까지 받았던 저도 정리를 잘할 줄 알게 되었으니 틀림없이 당신도 할 수 있습니다.

저는 과거에 ADHD 판정을 받은 적이 있습니다.

그러나 실제로는 정리를 아주 잘합니다.

지금은 정리를 직업으로까지 삼고 있지요.

어쩌면 본질적으로는 정리에 서투르지만,

정리할 필요를 줄이는 행동과 습관을 익힌 덕분에

깨끗한 집을 유지하고 있는지도 모르겠습니다.

집에서는 그곳에 사는 사람이 어떤 사고방식을 갖고 있으며
무슨 생각을 하는지까지 또렷이 드러납니다.
당신의 집은 어떤가요? 당신은 물건을 소중히 다루고 있나요?
주변 사람 역시 소중히 여기고 있나요?
그런 시선으로 자신의 집을 둘러봅시다.

Part **2**

공간과 심리 상태는
서로 연결되어 있다

마음을
개운하게 하고 싶다면
해야할일

저는 여러 차례 시행착오를 거듭하면서 '이거라면 나도 할 수 있어!'라는 자신감을 주는 정리 방법들을 터득했습니다.

지저분한 집에 살던 시절, 저는 심리학 공부를 위해 학교를 다니면서 이삿짐 아르바이트를 병행하고 있었습니다. 비교적 시간을 자유롭게 쓸 수 있는 덕분이었습니다.

심리학 공부를 얼추 마무리할 무렵, 이사 현장을 바라보다 문득 한 가지를 깨달았습니다. 바로 '집의 상태와 그곳에 사는 사람의 심리 상태는 연결되어 있다'라는 사실이었지요. 이를 깨닫고 제가 사는 집을 다시 보니 더럽기가 말도 못했습니다. 우리 집이 그 어떤 문제가 있는 집보다 심각한 상태라는 걸 발견하고 경악을 금할 수 없었습니다. 동시에 이런저런 의문들이 떠올랐습니다.

'난 분명 심리학을 통해 마음을 풍요롭게 만드는 방법을 배웠는데, 내 집은 도무지 풍요롭다고 말할 수 있는 상태가 아니야. 어째서일까?'

'마음과 집의 상태는 연결되어 있어. 마음을 개운하게 하고 싶다면 내가 사는 공간도 다시 봐야 하는 게 아닐까?'

하지만 도무지 어떻게 정리해야 좋을지 알 수 없었습니다. 아직 좋은 정리법을 몰랐던 탓에 우선 '무조건 버리고 보자!'라고 생각했습니다. 그리고 닥치는 대로 집에 있던 물건들을 버려보기로 했습니다.

그러고 나니…… 집 안이 확실히 쾌적해졌습니다. 버려도 아무 문제가 없는 물건, 없으면 없는 대로 괜찮은 물건도 있었습니다. 그러나 없으면 생활에 지장이 생기는 물건, 일상생활을 하는 데 없어서는 안 되는 물건까지 모조리 버리는 바람에 난감한 지경에 이르고 말았습니다.

그 순간 이런 생각이 떠올랐습니다. '무조건 물건을 줄이는 것만이 좋은 일은 아니다'라는 사실 말입니다. 물건을 버리는 방법도 생각해야 한다는 것을 배운 셈이지요.

'마음의 구멍'을 메우기 위해 물건이 늘어난다

그런데 무슨 이유 때문인지 얼마 지나지 않아 또다시 집이 지저분해지기 시작했습니다. 예전에 비하면 필요 없는 물건들이 확 줄어들었는데도 불구하고 말이지요.

대체 이유가 무엇일까 생각하며 방을 둘러보니 웬걸, 그 원인은 저의 인간관계에 있었습니다. 버릴 수 있는 물건은 다 버렸는데도 정작 저의 집에는 물건이 늘어나 있었습니다. 바로 '책'들이었지요.

당시 저에게는 심리학 수업에서 만난 동료들이 있었습니다. 친구들은 정말 열성적이라 수많은 세미나에 참가했습니다. 저에게도 도움이 될 만한 세미나 소식을 자주 전해주었지요. 딱히 참석할 생각이 없더라도 친구들이 권해주면 달리 거절할 이유도 없었기 때문에 덩달아 자주 세미나에 다니곤 했습니다.

그런데 세미나에 참석할 때마다 교과서나 자료가 늘어났습니다. 뿐만 아니라 친구들로부터 '이거 추천!' 혹은 '이거 읽어보는 게 좋을 거야!'라며 받은 책도 산더미였습니다. 결국 그 책들은 한 번도 읽지 않은 채 차곡차곡 방에 쌓였고, 결과적으로 방이 예전 모습으로 돌아가는 원인이 되었습니다.

이를 계기로 '나의 관심사를 다루지 않은 책, 단지 권유받았다는 이유로 앞뒤 가리지 않고 참가하는 세미나가 정말 나에게 필요한가?'를 되돌아보았습니다. 그 이후로 특별한 목적 없이 세미나에 가는 일 역시 그만두었지요. 그러자 불필요한 책이 늘어나는 일도 사라졌고, 집도 서서히 깔끔하게 정리되었습니다.

그리고 나에게 필요한 것이 무엇인지, 내가 소중히 여기고 싶은 것이 무엇인지를 철저히 다시 생각해보았습니다. 남에게 추천받은 것을 덮어놓고 간직하기보다, '나는 무엇을 중시하고 싶은가', '나의 장점은 어디에 발휘될 수 있나'를 기준으로 물건을 선별하게 된 것이지요.

그러자 자연스럽게 '나 자신을 소중히 여기고 싶다'라는 마음이 하나의 가치관으로 자라기 시작했습니다. 동시에 나에게 정말 가치 있는 물건과 행동을 선택하고 나 스스로를 중시하는 태도, 나 스스로를 칭찬하는 태도를 가질 수 있게 되었습니다.

나 스스로를 소중히 여기자 일은 물론 인간관계도 무척 순조로워졌고, 전처럼 집이 어수선해지는 일도 없어졌습니다. 생각과 행동이 바뀌니 공간도 함께 변화한 셈입니다.

이 책에서 소개하는 정리법은 제가 직접 저의 집을 '실험대'로 삼아 고안한 방법입니다. 지저분한 방에서 탈출했고, 심지어 정리하는 일을 생업으로 삼게 된 제가 터득한 방법이니 누구나 쉽게 실천해볼 수 있을 것입니다.

나 스스로를 소중히 여기자

일은 물론 인간관계도 무척 순조로워졌고,

전처럼 집이 어수선해지는 일도 없어졌습니다.

생각과 행동이 바뀌니 공간도 함께 변화한 셈입니다.

처음부터
지저분한 집은
없다

어느 누구의 집이든 처음 살기 시작했을 무렵에는 틀림없이 깨끗했을 겁니다.

갓 이사했을 때 당신의 집을 떠올려보세요.

쓸모없는 물건도 없고, 쾌적하고 말끔하게 정리된 상태 아니었나요? 있어야 할 물건은 있어야 할 자리에 수납되어 있고, 바닥도 반짝반짝한…… 그야말로 이상적인 집이었을지도 모릅니다.

이처럼 어떤 집이든 처음에는 깨끗한 상태로 시작합니다. 원래부터 더러운 집은 없습니다. 즉 우리 모두 시작 지점에서는 '깨끗한 집'을 가지고 있었습니다.

"집을 깨끗이 치우자"라는 말을 들으면 "원래 더러운 집을 깨끗이 치우자"라고 생각하기 쉽지만, 사실은 그렇지 않습니다.

우리가 할 일은 정확하게 말하면 원래는 깨끗했지만 일시적으로 지저분해진 집을 원래 상태로 되돌리는 것입니다.

일시적으로 지저분해진 상태를 원래대로 되돌린다

사람은 무심결에 '어질러진 집을 깨끗이 치워야지'라고 생각하기 쉽습니다. 출발점을 '어질러진 집', 도착점을 '깨끗한 집'으로 가정하면 '너저분하게 늘어놓은 옷을 대체 몇 벌이나 정리해야 도착점에 다다를 수 있을까?'라는 상상을 하게 됩니다. 그러면 마치 터무니없을 만큼 머나먼 여정처럼 느껴져 쉽게 의욕을 잃고 말지요.

하지만 출발점을 '깨끗한 집'으로 두고 어떻게 그곳으로 돌아갈까, 어떻게 다시 가까워질까를 생각하면 긴 여정이 조금 더 짧게 느껴지지 않을까요? 집을 원래 상태로 되돌리면 될 뿐이니까요.

이처럼 정리는 어질러진 집을 깨끗하게 변화시키는

일이 아니라 일시적으로 지저분해진 집을 원래대로 되돌리는 일을 말합니다. 한 걸음 더 나아가 '진화'시켜가는 일이라고 말하는 편이 더 적절한지도 모르겠습니다.

변화라는 단어에는 이제껏 나빴던 일을 좋게 만든다는, 다소 현재 상황을 부정하는 듯한 느낌이 있습니다. 그러나 진화는 '지금보다 더더욱 좋게 만드는 일'이라는 어감이 강합니다. 현재 상황을 똑바로 인정한 다음에 보다 개선해간다는 느낌이 있지요? 다이아몬드 원석을 반듯이 다듬은 다음 더욱더 빛내가는 듯한, 그런 느낌 말입니다.

처음부터 지저분한 집은 없습니다.

당신의 집도 깨끗한 원래 상태로 되돌려주면 됩니다.

남이 아닌
내 마음에 드는
공간으로

앞서 마음 편안한 환경을 만드는 것을 정리의 목표로 삼자는 이야기를 했지요. 무릇 나의 집, 나의 방이란 내가 최종적으로 돌아가야 하는 곳이 아닐까요?

어디로 여행을 다녀오든, 밖에서 얼마나 힘든 하루를 보내든 일을 마치고 돌아가면 기력과 체력이 모두 회복되어 다시 기운을 되찾을 수 있는 곳, 그곳이 나의 집, 나의 방이 아닐까요?

흔히 옛날이야기 속 주인공들은 악한 자와 싸운 뒤 보물을 가지고 고향으로 돌아옵니다. 그야말로 '입신양명(立身揚名)'하는 결말입니다.

그들은 힘겨운 모험을 마친 후에 "고생 많았지요? 이제 몸도 마음도 편하게 쉬어요" 하고 말해주는 집으로 돌아갑니다. 이런 결말을 보면 세상과 싸우고 공적을 쌓으려면 돌아갔을 때 나를 두 팔 벌려 환영해줄 곳이 있어야 한다는 전제라도 깔려 있는 것 같습니다.

저는 '내가 돌아갈 곳을 만드는 일'이 바로 집 꾸미기라고 생각합니다. 요즘에는 마치 모델하우스처럼 아무것도 없고 깔끔한 상태여야 '좋은 집'이며, 아주 조금이라도 '어질러져서는 안 된다'라는 인식을 가진 사람이 아주 많은 것 같습니다. 집이 깨끗한 것은 물론 좋은 일입니다. 그러나 깨끗하기만 하면 되는 것은 결코 아니지요.

모델하우스처럼 완벽할 필요는 없다

제가 정리를 도왔던 한 여성 의뢰인은 마치 모델하우스 같은 집에 살았습니다. 인테리어 잡지에 단골처럼 등장할 정도였는데, 사람들에게 이른바 '견본'이 될 만한 집이었습니다. 의뢰인은 계절마다 집의 콘셉트를 바꾸어 이미지에 변화를 주는 등, 인테리어에 꽤나 공을 들였습니다.

그런데 그녀에게는 남모를 고민이 있었습니다.

"솔직히 말하면…… 집이 별로 마음에 안 들어요. 밖에 나오면 집으로 돌아가고 싶은 마음이 잘 들지 않아요."

그녀는 정말 이렇게 말했습니다. 모두가 꿈꾸는 집에 살고 있는데도 말입니다. 집에 있기가 싫어서 별다른 일정이 없어도 일부러 길을 멀리 돌아 귀가하거나 외출도 자주 하고, 되도록 집에 머무르는 시간을 줄인다고 했습니다.

모든 사람들이 그녀의 집을 동경했습니다. 결코 어수선하게 어질러진 집도 아니었지요. 오히려 굉장히 깨끗한 편에 속했습니다. 그럼에도 불구하고 정작 집주인은 자신의 집에 정이 가지 않는다고 말하는 게 아니겠습니까.

"집에 있어도 뭔가 안정이 되질 않아서……."

그녀는 그때까지 자신의 마음이 편안하게 느껴지는 집에서 살아본 경험이 단 한 번도 없다고 했습니다. 문제의 실마리를 찾기 위해 집에 대한 고민 외에 이런저런 이야기를 나누던 중, 의뢰인이 연애 관계가 원만하지 않은 상태가 오랫동안 이어지고 있다고 털어놓았습니다.

'아, 이 사람이야!'라고 생각한 사람을 만나 사귀는 단계까지 발전했다가도 이내 '뭔가 생각했던 거랑 다르잖아'라는 느낌 때문에 오래 만나지 못하고 헤어지는 일이 반복되고 있었습니다. 상대방에게 좀처럼 마음을 허락하지 못해서 자기 진심 또한 내보이지 못하는 관계만 계속된 것이지요.

과거 이야기까지 거슬러 올라가 보니, 의뢰인에게는 이런 속사정이 있었습니다. 그녀의 어머니는 언제나 "방은 항상 완벽하게 치우렴", "언제 누구에게 보여도 부끄럽지 않은 집이 되도록 꾸며야 해"라고 말씀하셨다고 합니다. 그래서 늘 '나의 집은 남에게 내보여야 하는 것'이라는 생각으로 집을 꾸미고 정리해왔다고 하더군요.

그 결과 집에 대한 의뢰인의 기준은 '타인으로부터 좋은 평가를 받을 수 있느냐 없느냐'가 되어버렸습니다. 남이 보았을 때 멋진 집, 남이 동경할 만한 집을 지향하게 된 것이지요.

그 기준의 지표 중 한 가지가 바로 잡지에 실리는 일이었습니다. 내 집이 인테리어 잡지의 인정을 받는 일이야말로 기쁨이라고 믿었던 겁니다.

그녀에게 '내 마음에 드는 방인가', '내가 마음 편히 쉴 수 있는 곳인가'라는 판단 기준은 없었습니다.

집은 나를 가장 솔직하게 표현하는 장소

고민을 듣고 난 후 저는 의뢰인에게 이렇게 제안했습니다.

"주변의 시선은 털끝만큼도 신경 쓰지 말고, 내 마음이 편안해지는 집을 만들어보면 어떨까요?"

'남이 인정하는 집'으로 꾸밀 것이 아니라 '나 스스로가 인정할 수 있는 집'을 만들자는 것이었지요. 그녀에게는 '다른 누구도 아닌 나는 내 집을 어떻게 만들고 싶은가?'를 생각하는 것이 중요했습니다.

집을 꾸미는 데 있어서 자신의 생각과는 다른 것들을 표현해야 하는 상황이 스스로를 끊임없이 옥죄고 있었기 때문입니다.

또한 내가 무엇을 하고 싶은지 생각하지 못하면, 자신이 바라는 연인이나 배우자도 만날 수 없습니다. 집은 나 스스로를 가장 솔직하게 표현하는 장소이기 때문이지요. 그런 곳을 겉보기에만 그럴듯하게 꾸미는 생활이 지속되는 이상은 타인에게 진정한 나 자신을 내보이는 일은 불가능합니다.

이런 제안을 받은 후, 의뢰인은 자신의 참모습을 내보이고 마음을 풀어놓을 수 있는 '나다운 집'을 꾸미기로 결심했습니다. 남의 눈에 비치는 '멋진 집'이 아니라, 자신에게 진정으로 편안한 공간을 꾸미겠노라 마음먹은 것이지요.

그 전까지는 벽이 깔끔해 보여야 한다는 생각에 아무것도 걸지 않았지만, 자기 취향에 걸맞은 포스터나 보고 있으면 기분이 좋아지는 것을 걸어보았습니다.

그리고 침실과 책상 주변, 욕실, 화장실 등 집 안 곳곳마다 자신이 좋아하는 소품을 더했습니다. 세련된 느낌은 전보다 줄어들었지만, 내가 좋아하는 것들에 둘러싸이니 안심이 되고 설레는 마음이 생겼다고 합니다.

조금 어설퍼도 내 마음에 드는 공간을 만든다

그 결과 더 이상 인테리어 잡지에 의뢰인의 집이 소개되는 일은 없었습니다. 그러나 그녀 자신에게는 그 어디보다 아늑한 공간이 되었기 때문에 집에 있는 시간이 늘어났습니다. 옛날처럼 별일이 없어도 외출하거나 귀가할 때 먼 길을 빙 돌아서 가던 습관도 사라졌다고 합니다.

게다가 서로 마음을 허락할 수 있는 좋은 인연을 만나 함께 살게 되는 등, 전에 없던 인간관계도 조금씩 생겨났습니다.

생각해보면 그녀는 인테리어와 관계된 일을 하는 것도 아니어서, 잡지에 집이 실린다고 일로 연결되거나 돈이 되는 것도 아니었지요. 변화한 후에야 그것이 '단순한 자기만족에 지나지 않았다'라는 사실을 깨달았다고 합니다.

이렇듯 설령 잡지에 실릴 만한 근사한 집이 아니어

도 됩니다. 조금은 어질러진 집이라 하더라도 내가 마음을 풀고 편히 쉴 수 있는 공간, '나는 이렇게 하고 싶다'라는 마음이 반영된 공간이 남의 눈을 의식해 겉꾸며진 집보다 훨씬 살기 좋은 곳인 셈입니다.

집을 꾸밀 때에는 '난 이런 집이 좋아'라고 말하는 내 마음을 존중합시다. 나의 집은 반드시 '어서 돌아가고 싶다'라고 생각하게 만드는 곳으로 꾸며야 합니다.

당신이 마음 편하게 쉴 수 있는 곳은 어느 쪽인가요?

물건이 아니라
생활방식이
집을 어지럽힌다

우리는 종종 '집이 지저분해서'라는 표현을 씁니다.

그렇지만 '집이 지저분하다'는 잘못된 말이지요. 정확하게는 '살고 있는 사람들의 생활방식 때문에 집이 지저분해졌다'라는 말이 맞습니다.

'집이 지저분하다'라고 말하면 '지저분한 것은 집에 문제가 있기 때문'이라는 인상을 받게 됩니다. 그런데 집에 무슨 문제나 잘못이 있겠습니까? 집을 한 명의 사람이라고 생각해보면 실은 대단한 존재임을 깨달을 수 있습니다.

집은 어느 때든 조건 없이 당신을 맞이해줍니다. "오

늘은 내 컨디션이 안 좋으니까 안으로 들여보낼 수 없어"라고 말하는 일도 없지요?

또한 태풍이 불어도 장마가 길어도 눈이 내려도 언제나 든든하게 우리를 보호해줍니다. 더운 날에는 시원하게, 추운 날에는 따뜻하게 울타리가 되어주지요. 이처럼 집은 매우 관대하고 다정한 존재입니다. 우리도 그런 집에 애정을 갖고, 집이 기뻐할 만한 상황을 만들어보면 어떨까요?

사람뿐 아니라 집까지 만족하는 정리 방식이 있다

집이 기뻐하는 상황이란 어떤 것일까요?

먼지나 때가 쌓여 있는 상태는 절대 아닐 겁니다. 청소를 하지 않는 것은 며칠 동안 목욕을 시켜주지 않는 상태나 마찬가지라고 할 수 있는지도 모르니까요. 집을 기쁘게 해주고 싶다면 사람의 몸을 씻겨주는 것처럼 닦아주도록 합시다.

저는 청소 방법 중에서도 '바닥 걸레질'을 가장 추천합니다. 아무리 청소기를 돌려도 먼지가 말끔하게 없어지지 않는 곳은 걸레로 닦으면 금세 깔끔하게 정리됩니다. 게다가 열심히 몸을 움직여 걸레질을 하면 청소를 하고 난 후 강렬한 성취감을 얻을 수 있고, 집의 피부를 직접 만지며 닦는 감각 덕분에 집의 목소리도 들을 수 있습니다. 이를 위한 자세한 걸레질 방법은 뒤에서 소개하겠습니다.

바닥 걸레질이 습관이 되는 사이, 코앞에서 반짝이는 바닥을 보는 일은 무엇과도 비교할 수 없는 쾌감을 불러일으킬 겁니다.

집이 이야기하는
그 사람의
'마음속'

집은 살고 있는 사람의 현재 마음 상태뿐만 아니라 사고방식이나 생각을 알려줍니다.

이삿짐센터에서 일하던 시절 저는 작업 중에도 의뢰인 분들과 적극적으로 대화하려고 노력했습니다. 공간과 사람의 심리가 서로에게 미치는 영향을 공부하고 싶었거든요. 그러던 중 한 회사의 사장님 댁을 방문하게 되었는데, 사장님에게는 큰 고민이 하나 있었습니다. "회사에 도통 좋은 인재가 들어오질 않는다"는 것이었지요.

집 안을 살펴보는 사이 왠지 모르게 어수선한 인상

을 받았습니다. 실내에 수많은 고가의 가구와 장식품들이 놓여 있었는데, 어딘가 조화롭지 못한 느낌이 들었기 때문입니다.

에도 시대 도자기 옆에 루이 몇 세 시대쯤 될 법한 프랑스산의 고풍스러운 가구가 놓여 있고, 벽에는 유명한 인상파 화가가 그린 그림이 걸려 있고……. 물론 한 점 한 점이 다 훌륭한 물건이라는 생각은 들었지만 뭐랄까, 전혀 통일성이 느껴지지 않았습니다.

'내가 좋아하는 것이라', '내 취향에 딱 맞는 물건이라서'와 같은 기준이 아니라 '가격이 비싸서', '유명하니까', '인기 있으니까'와 같은 세간의 평가를 기준으로 선택한 물건들이라는 인상이 강했습니다.

또한 '물건을 소중히 다루고 있지 않구나'라는 느낌도 받았습니다. 이삿짐 포장 작업을 시작할 쯤에는 "그거 엄청 비싼 물건이니까 조심해서 만져요"라고 당부하더니, 시간이 조금 지나자 "그렇게 꾸물꾸물하지 말고 빨리 좀 옮겨요!" 하며 재촉하는 게 아니겠습니까. 말과 행동에 모순이 있었지요.

사장님은 아마 회사 직원들도 자기 물건을 다루는 것처럼 대했을 겁니다. 고민을 듣고 "어떤 기준으로 인재를 채용하십니까?"라고 물어보니 학력과 경력, 그리고 첫인상을 중요하게 보고 선택한다고 대답했습니다. 그 대답을 들으니 '아아, 표면적인 부분만 보고 채용하는구나'라는 생각이 들었습니다.

문제는 실제로 그렇게 신입 사원을 채용한 다음 별다른 사전 교육도 없이 업무에 투입한 후에 일어났습니다. 신입 사원이 실수를 저지르면 인사 평가에서 즉시 감점하고, 사장인 자신과 의견이 다른 직원은 용납하지 않거나, 최종적으로 쓸 만하지 못하다고 판단되면 즉시 해고하기를 반복하는 모양이었습니다.

결과적으로 회사에는 일을 잘하는 사람이 아니라, 사장이 하는 말만 잘 따르는 '수동적인' 직원들만 남게 되었지요.

집의 분위기에서도 그런 성향을 파악할 수 있었습니다. 세간의 평가를 기준으로 선택하고 막상 자기 것이 되면 소중히 다루지 않는 태도가 보였지요. 그에게서는 물건에게나 사람에게나 그런 생각을 갖고 있는 것이 느껴졌습니다.

이처럼 집에서는 그곳에 사는 사람이 어떤 사고방식을 갖고 있으며 무슨 생각을 하는지까지 또렷이 드러납니다.

당신의 집은 어떤가요?
당신은 물건을 소중히 다루고 있나요?
주변 사람 역시 소중히 여기고 있나요?

그런 시선으로 자신의 집을 둘러봅시다. 그러면 무언가가 눈에 보이기 시작할지도 모릅니다.

집은 살고 있는 사람의 마음 상태뿐 아니라

사고방식이나 생각을 알려줍니다.

물건이나 사람을 어떻게 대하는지 보이는 것이지요.

당신은 물건을 소중히 다루고 있나요?

주변 사람 역시 소중히 여기고 있나요?

공간에는
인간관계까지
좌우하는 힘이 있다

가족이나 연인처럼 가까운 사람들과의 관계가 원만하지 않을 때에는 마음속에 답답함이 가득 쌓여 집이 너저분해지기 쉽습니다.

이삿짐센터에서 일하면서 가정 문제가 심각한 집들을 여러 군데 보았는데, 한 가지 공통점이 있었습니다. 바로 '황폐하다'는 점입니다. '지저분하다'라는 표현보다도 '황폐하다'라는 표현이 더 걸맞은 상태인 경우가 많았습니다.

바닥이 보이지 않을 정도로 옷이 정신없이 널려 있는 집도 많았습니다. 이른바 '더러운 집'이지요. 제자리를 잃은 물건들이 넘쳐나고, 어딘가 메마른 듯한 분위기가 있는 집 말입니다.

게다가 화장품이 식탁 위에, 칫솔이 부엌 선반에 놓여 있는 등 본래 거기 있지 않아야 할 물건이 뜬금없는 곳에 놓여 있어서 조화롭지 못한 인상을 주었습니다.

'황폐한 마음'이 미치는 영향

한번은 이런 일도 있었습니다. 이사 당일에 짐 운반을 위해 고객의 집 현관문을 열었더니 이런! 이사 준비는 전혀 되어 있지 않았고, 바닥 한쪽에 옷더미가 너저분하게 쌓여 있었습니다. 미리 보내둔 이삿짐 상자도 조립되지 않은 채로 그냥 벽에 세워져 있었지요. 그 상황에 모두가 놀랐지만 어서 일을 마치고 다음 집으로 가야 했기 때문에 어쨌든 서둘러 일을 끝내보기로 했습니다.

원래 처음부터 끝까지 책임지는 서비스가 아닌 이상 고객이 미리 싸둔 이삿짐 상자만 나르는데, 그때는 그런 것을 따질 경황이 없었지요. 한시라도 빨리 일을 마치기 위해 허겁지겁 이삿짐 상자를 조립해 물건을 집어

넣은 다음 운반하기로 했습니다.

이삿짐 상자에 물건들을 차곡차곡 넣어 하나둘 트럭으로 옮기던 중이었습니다. 침실 방바닥에 옷더미가 봉긋하게 솟아 있는 것이 문득 눈에 띄어 "이것도 전부 옮겨야 하나? 짐이 엄청 많네" 하며 한숨을 내쉬는 순간, 옷더미 속에서 '부스럭부스럭' 하는 소리가 들렸습니다.

'어, 뭐야? 바퀴벌렌가? 쥐가 나왔나? 둘 다 싫은데 어떡하지?' 이런 생각에 두근거리는 가슴을 붙잡고 그 자리에서 꼼짝 못하고 서 있었지요. 그러자 갑자기 산사태처럼 옷더미가 무너지더니 그 안에서 바퀴벌레도 쥐도 아닌…… 사람이 나왔습니다!

"우와! 저기, 여기서 사람이 나왔어요!" 하고 소리치자 고객이 "우리 엄마예요!"라고 말하는 게 아니겠습니까. 그 집 어머니가 옷더미 아래에 묻혀 있었던 겁니다.

아마도 어머니가 바닥에 누워 잠들어 있는 동안 위에서 옷을 한 장 한 장 휙휙 내던지는 바람에 어느새 어머니의 모습이 보이지 않을 만큼 쌓였던 모양입니다. 그 전까지 많은 집을 보아왔지만, 설마 그렇게 거대한 옷더미 속에서 사람이 나오리라고는 상상도 하지 못했습니다.

이만큼 심각한 예는 손에 꼽을 정도로 드물다고 쳐도, 부부나 가족 관계에 문제가 생기면서 집이 엉망이 된 경우는 적지 않습니다.

정리가 의사소통의 계기를 만든다

반대로 갈등을 겪던 부부가 집을 정리해가는 동안 관계를 회복하는 경우도 있습니다. 집을 정리하는 사이에 조금씩 상대방의 장점이 보이기 시작할 수도 있고, 정리를 계속하면서 자신이 상대방을 이해하고자 노력하지 않았다는 걸 깨달을 수도 있지요.

정리는 서로에 대해 생각할 기회를 갖고, 함께 의견을 나누며 보다 적극적으로 의사소통을 하는 계기를 만들어줍니다. 그렇게 결국에는 관계가 회복되는 경우가 제법 많습니다. 이처럼 집에는 인간관계까지도 좌우하는 힘이 있습니다.

가족과 데면데면하거나, 부부 사이가 냉랭해지고 있는 것 같아 걱정된다면 지금 내가 사는 집을 한번 살펴봅시다. 집을 정리하는 동안 관계에 새로운 바람이 불지도 모릅니다.

　드물기는 하지만 가정에 문제가 있어도 의외로 '지나치게 깨끗한 집'이 있습니다. 마치 모델하우스처럼 물건들이 반듯하게 각을 맞춰 놓여 있는데, 무서울 정도로 깔끔해서 단 1밀리미터라도 움직이면 안 될 것 같은 묘한 긴장감마저 느껴집니다.

　그런 집에서는 '사람 사는 공기'가 전혀 흐르지 않습니다. 따스한 온기를 느낄 수 없다고 표현하면 될까요? 집이 살아 있지 않은 느낌이 듭니다. 그래서 왠지 모르게 쓸쓸한 인상을 강하게 줍니다. 가족이 생활하는 데 필요한 공간으로서 기능하지 못하는 것처럼 느껴지기도 하지요.

　그런 면에서 보면 집은 깨끗하기만 하면 된다는 말도 꼭 옳은 것은 아닙니다. 마음 편하게 살기 좋은 집, 외출했다가도 어서 돌아가고 싶은 집을 만드는 일이 가장 중요합니다.

정리를
강요하는 순간
벌어지는 일

　공간 심리 상담가로서 여러 사람을 만나 이야기하다 보면 무언가 문제가 있는 가정에서 한쪽 배우자는 깔끔한 걸 좋아하고, 다른 한쪽은 정리를 못하는 경우가 상당히 많습니다.

　예를 들어 남편이 쓰는 공간은 깨끗한데 부인이 쓰는 공간은 지저분하거나, 그 반대 경우도 있습니다. 게다가 흔히 정리를 잘하는 사람은 정리를 잘할 줄 모르는 사람을 나무라곤 합니다. 이렇게 한쪽이 다른 한쪽을 다그치는 사이에 관계가 어그러지는 경우도 적지 않지요.

깔끔한 걸 좋아하는 사람은 스스로 상대방을 다그친다고 생각하지 않기 때문에 잔소리에 지친 상대가 화를 내면 왜 그러는지 이해하지 못하는 일이 많습니다.

'뭐야, 왜 갑자기 화를 내고 난리야?'라고 이상하게 여기기 쉽지만, 상대방 입장에서는 충동적인 감정이 아니라 인내에 인내를 거듭한 끝에 한계치까지 쌓인 분노가 화산이 폭발하듯 터진 것이나 다름없습니다.

실제로 깔끔한 것을 좋아하는 사람들의 가까운 주변인이나 가족들이 우울증에 걸리는 경우가 꽤나 많다고 합니다. 깔끔한 것을 좋아하는 사람이 "너는 정리할 줄을 몰라. 정리 하나도 제대로 못해!"라고 계속해서 말하는 사이 그 말을 듣는 상대방의 머릿속에는 '나는 정리할 줄을 몰라. 정리도 못하는 쓸모 없는 사람이야'라는 생각이 박히게 됩니다.

그러면서 점점 자신감을 잃고 스스로를 '나는 누구에게도 필요하지 않은 사람'이라고 느끼며 우울 상태에 빠지고 마는 것이지요. 그중에는 마음의 문을 닫고 방에 틀어박히는 사람도 있습니다.

상대를 너무 몰아붙이고 있지 않나

깔끔한 것을 좋아하는 사람에게 '깨끗하게 하는' 행위는 바꿔 말하면 '지저분한 곳을 발견하는' 행위입니다. 또한 자신이 곧 기준이기 때문에 그 생각을 타인에게도 강요하기 쉽지요.

그런 까닭에 '내가 옳다, 너는 틀렸다'라는 생각을 바탕으로 상대방을 부정하고, 그의 좋지 않은 면을 자잘한 부분까지 하나하나 지적하면서 싹 없애버리고자 하는 것입니다.

깔끔한 것을 좋아하는 사람이 끊임없이 상대방의 단점을 찾아내고 지적하다 보면 상대방은 자신의 가치관을 계속 부정당해 위축되기 쉽습니다. 그러다 결국 나약해지거나 마음이 엉망이 되어버리지요.

소중한 사람과의 관계를 지속하고 싶다면 깔끔한 것을 좋아하는 사람은 자신처럼 정리하지 않는다는 이유로 상대방을 너무 나무라지 말아야 합니다. 또한 반대의 경우라면 상대가 정리를 강요하는 것을 계속해서 참기만 하지 않아도 됩니다.

6부에서 정리에 서투른 사람이 정리를 좋아하게 만

드는 방법을 이야기하고자 하니 참고해보세요. 한 가지
덧붙이자면 둘 다 깔끔한 것을 좋아하는 커플이나 둘
다 정리를 못하는 커플은 상대적으로 문제가 생길 확률
이 낮다고 합니다.

정리 못하는
사람에게는
문제가 있다?

집을 보면 그 사람의 성격이나 생각을 알 수 있다는 이야기를 했지요. 그렇다고 해서 정리를 못하는 사람들에게 부정적인 면만 있을 거라 생각하는 건 오해입니다. 한 가지 성향이 그 사람을 결정짓지 않으니까요.

정리를 못하는 사람에게서 주로 나타나는 특징

나보다 남을 더 우선한다

'타인'을 중심으로 생각하기 때문에 자기 의견을 꺾어서라도 남이 한 말을 실행하려는 경향이 있습니다. 타인과 사회, 세상을 중심으로 사고하는 경우가 많아

세계 평화를 위해서 NPO(비영리단체)를 설립해 활동하거나 자원봉사자, 상담사, 치유사 등으로 일하는 이들도 많지요. 타인이 기뻐하는 모습을 보며 만족하기 때문에 곤란한 사람을 보면 제일 먼저 도우러 달려가기도 합니다.

다만 의식이 너무 밖을 향한 나머지 스스로에게 소홀해지기 쉽습니다. 도가 지나칠 때는 "너는 네 생각은 없어?", "너는 뭘 하고 싶은데?"라는 말을 듣기도 하고, 자기 생각보다 주위 의견에 휘둘리는 일이 많습니다. 무언가 결정을 내릴 때에도 남들의 눈치를 살피는 일이 많지요.

인내력이 강해 잘 참는다

정리를 못하는 사람들은 사실 인내력이 강한 경우가 많습니다. 그래서 상대가 아무리 나무라더라도 폭발 직전까지 참지요. 하지만 그 선을 넘어가면 한순간 폭발해버리기도 합니다.

외향적이며 사교성이 좋다

사교성이 좋아 타인과의 인간관계를 잘 구축해가는 편입니다. 남의 권유를 거절하는 법이 없고, 남이 부탁하는 일은 솔선해서 맡습니다. 의리가 강한 구석이 있어서 남에게 받은 것을 버리는 일은 의리에 어긋난다고 생각하는 측면이 있습니다. 때문에 무의식적으로 물건을 잔뜩 모으는 경향이 있지요.

약속 시간에 자주 늦는다

시간 계산을 아슬아슬하게 하는 편이라 여유롭지 못하며 남들과의 약속 시간에도 자주 늦는 경향이 있습니다. 외출 직전에 물건을 찾는 등, 경황없이 시간을 빼앗기는 사람도 많아 보입니다.

배짱이 있다

새로운 일을 시작할 때 과감하게 도전할 줄 아는 면을 갖고 있습니다. 예상치 못한 순간에 배짱을 보이는 등, 심지가 매우 강하기도 합니다.

이 밖에도 정리에 서툴거나 집에 물건이 많은 사람은 '과거'의 경험과 사고방식을 고집하는 경우가 많습니다. 과거에 직접 겪은 경험이나 부모님으로부터 배운 사고방식처럼 이른바 '전례'를 기준으로 삼고 생각하거나 행동하는 경향이 강합니다.

이런 사람들은 무언가 불만족스러울 때에도 물건이 잘 늘어납니다. 그럴 때는 인간관계나 직장 문제, 가족과의 문제 같은 스트레스를 혼자 고스란히 떠안고 있지 않은지, 마음속에 떨떠름한 것이 없는지 찬찬히 돌아보는 것이 좋습니다.

뒤집어 생각해보면 정리를 못하는 사람은 '상대방을 용서할 줄 아는 그릇이 큰 사람'이라고 할 수 있지 않을까요?

집을 보면 그 사람의 성격이나 생각을 알 수 있다고 해서

정리를 못하는 사람들에게 부정적인 면만

있을 거라 생각하는 건 오해입니다.

한 가지 성향이 그 사람을 결정짓지 않으니까요.

'집 청소는 귀찮아. 너무 부담스러워'라고 느껴진다면
무리해서 할 필요 없습니다.
지갑이나 가방을 깨끗이 정리하는 일부터 시작해도 괜찮습니다.
이것들은 얼핏 생각하면 집 정리와 아무런 상관도 없을 것 같지만,
알고 보면 연관성이 아주 크답니다.

Part 3

정리를 어디부터 해야 할지
엄두가 안 난다면

버려야 한다는
생각부터
버린다

  자, 이제부터는 실제로 적용할 수 있는 정리 방법을 소개하겠습니다. 그런데 본격적으로 시작하기 전에 한 가지 약속을 하면 좋겠습니다. 바로 '무리하게 물건을 버리려고 하지 말자'는 것입니다.

  '버려야 돼!'라고 스스로를 압박하면 정리는 더욱 힘들어지기만 할 뿐입니다.

  지금부터 소개할 정리법을 실천하다 보면 나에게 필요 없는 물건은 마음이 자연스럽게 '아, 이건 필요 없지' 하며 내려놓을 수 있을 겁니다.

  물건은 스스로 그런 생각이 들 때 놓아주면 됩니다.

만약 '놓아주고 싶다'라는 생각이 들지 않는다면 놓아주지 않아도 아무 문제 없습니다.

정리를 시작하기 전에 필요한 마음

중요한 것은 물건 하나하나를 소중히 여기는 마음입니다. 기본적으로 '내가 가지고 있는 물건은 모두 다 중요하다'라는 관점을 가져보면 어떨까요.

그럼에도 틀림없이 어느 순간부터 '이건 이 선반에 두고 싶지 않아', '더 이상 옷장에 보관하기 싫은데', '지금 나에겐 필요 없어'라고 자연스럽게 느껴지는 물건들이 나올 겁니다.

무턱대고 '줄이자!', '버리자!' 하고 생각하기보다 가진 것을 소중히 여기는 마음으로 정리를 시작해봅시다.

무턱대고 버리는 것보다 중요한 것은

물건 하나하나를 소중히 여기는 마음입니다.

'내가 가지고 있는 물건은 모두 다 중요하다'라는

관점을 가져보면 어떨까요.

"어떡하지?
정리할수록
더러워지고 있어."

　요즘에는 정리 대행 서비스 업체도 아주 다양합니다. "당신 대신 집을 깨끗이 치워드립니다"라는 슬로건을 걸고 일하는 청소 전문가들이지요. 그런 정리업자 분들을 만나면 종종 이런 이야기를 듣습니다.

　"의뢰를 받고 청소하면 아주 말끔하게 변하죠. 그런데 한두 달 뒤에 같은 고객의 집을 다시 방문하면 대부분이 처음만큼 지저분해져 있거나 오히려 더 더러워져 있어요. 대체 왜 그러는 걸까요? 뭐 저희야 일이 계속 들어오니 좋긴 하지만 말이에요……."

　프로 정리업자들이 방을 말끔하게 정리해도 몇 주가

지나면 그 상태가 유지되기는커녕 전보다 더 어질러지는 집이 많은 모양입니다.

전문가가 깨끗이 치운다. → 전보다 더 더러워진다. → 전문가가 다시 깨끗이 치운다. → 전보다 더 더러워진다. ……

이런 부정적인 공회전이 반복된다는 말이지요. 어째서 깨끗하게 정리된 상태가 계속 유지되지 못하는 걸까요? 바로 '스스로 행동하지 않기 때문'입니다.

그만큼 내가 먼저 나서서 '여기는 이런 식으로 정리하자', '여기를 좀 더 말끔하게 치우자'라고 판단하고 움직이는 일이 중요합니다.

'청소 요요 현상'이 절대 일어나지 않는 비결

정리를 시작하기에 앞서 '나'를 기점으로 내가 만들고 싶은 상황을 먼저 생각해볼 필요가 있습니다.

'나'에게 이상적인 공간을 만들어가는 작업이 바로 '정리'이지요. 내가 '깨끗하게 치워야지!'라는 판단을 한 다음 움직여야 비로소 집의 깨끗함을 유지하는 과정이 이어질 수 있습니다.

실제로 제가 의뢰인의 집을 방문했을 때 하는 일은 의뢰인의 이야기를 듣는 상담과 걸레질 정도입니다. 청소 단계로 들어가면 "나머지는 직접 원하는 대로 하세요"라고 말하고 의뢰인이 주체가 되어 작업을 하도록 합니다. 저는 오로지 닦기만 하지요.

타인에게 청소를 맡기기보다 자기가 주체가 되어 청소를 하는 편이 집도 훨씬 깨끗해지고, 깨끗함도 오래 유지됩니다.

만약 지금까지 타인의 힘에 기대고자 했다면 이제부터는 '내 힘'으로 한번 시작해보길 권하고 싶습니다. 집도 더 깨끗해지고 돈도 들지 않으니 일석이조입니다.

우선은
지갑이나 가방부터
정리하라

　만약 '집 청소는 조금 귀찮은데' 혹은 '아, 뭐 하나 치우려면 해야 할 일이 너무 많아'라고 느껴진다면 무리해서 할 필요는 없습니다. 우선은 지갑이나 가방을 깨끗이 정리하는 일부터 시작해도 괜찮습니다.

　집보다는 지갑이나 가방이 훨씬 더 작고, 물건도 적으니 금세 정리할 수 있겠지요? 지갑이나 가방은 얼핏 생각하면 집 정리와 아무런 상관도 없을 것 같지만, 알고 보면 연관성이 아주 크답니다!

　지갑이나 가방 정리는 좁은 범위의 물건을 꺼냈다가 닦아서 도로 넣는 연습이 되기 때문이지요.

실제로 가방 속이 엉망인 사람, 금방이라도 터질듯이 빵빵한 이른바 '뚱뚱이 지갑'을 갖고 다니는 사람은 집도 잘 정리가 안 되어 있는 경우가 적지 않습니다.

예를 들어 여행을 갈 때 가방에 이것저것 다 넣어서 가져가는 사람이 있지요. '뭐든지 내가 전부 가지고 가야 한다'고 생각하는 사람 말입니다. 정리를 하지 않는 사람들 중에는 이런 유형이 많습니다.

정리가 익숙해지면 '헤어드라이어는 호텔에 비치된 것을 이용한다'라거나 '잠옷은 숙소에 있는 가운을 입는다'와 같이 여행지에 있는 물건들을 활용하는 발상도 할 수 있게 됩니다.

또한 '현지에는 무엇이 있을까?', '내가 챙겨가지 않아도 되는 물건은 무엇일까?' 같은 정보를 사전에 조사하는 능력도 점점 더 높아지지요.

지갑에서 영수증이나 포인트 카드 따위를 자주 빼내는 습관도 필요합니다. 저는 직장 일로 생긴 영수증을 동전 지갑에 넣어두는데, 금세 쌓이다 보니 지갑이 빵빵해지기 전에 바로바로 경리 담당자에게 전달합니다.

포인트 카드도 잘 만들지 않습니다. 늘 갖고 다니는

카드는 자주 가는 주유소의 포인트 카드 정도에 불과합니다.

가게에 가면 "포인트 카드 만들어 드릴까요? 유용할 거예요"라는 말을 종종 듣지만, 그리 잘 가는 가게가 아닌 이상은 "괜찮아요. 카드는 필요 없습니다"라고 거절합니다.

저에게는 어쩌다 한 번 가는 가게의 포인트 카드보다 지갑이 말끔한 상태를 유지하는 편이 더 중요하기 때문입니다.

사소한 성공 체험부터 차근차근 쌓아가는 연습

작은 단위부터 정리하는 일은 사고방식을 정리하는 연습이 되기도 합니다.

가방이나 지갑 속을 새삼스레 살펴보면 내가 귀찮은 물건들을 얼마나 자주 여기에 보관해두는지를 알 수 있습니다. 예를 들어 다 씹은 껌 종이나 휴지통을 찾지 못해 넣어둔 쓰레기, 길거리에서 받은 전단지, '언젠가 쓸지도 모른다'는 생각에 넣어두고 결국 한 번도 꺼내 쓰지 않은 물건 등이 제법 많이 들어 있습니다.

다시 말해 이런 물건들이 나의 잡다한 행동을 되돌아보는 계기가 되거나 평소 행동을 객관적으로 볼 수 있는 기회를 제공하는 것이지요. 이처럼 작은 단위부터 정리하는 일은 집을 정리할 때 활용해볼 만한 기술로 이어질 수 있습니다. 지갑이나 가방을 깨끗하게 정리하는 감각이 몸에 익으면 집을 정리하기도 쉬워지기 때문입니다.

게다가 지갑이나 가방 속이 말끔하고 간소해지면 그에 비례하듯 사고방식도 확실히 단순해집니다. 개운치 않던 마음도 쓸데없는 물건이 떨어져 나가면서 편안해지지요. 속이 시원해지는 겁니다.

이렇게 작은 부분부터 먼저 시작해봅시다. 정리의 기본을 익히는 느낌으로 실천하면 더욱 좋습니다. 집을 치울 때 작은 공간부터 시작하는 것처럼 지갑이나 가방 같은 작은 물건부터 정리하는 일이 집 청소에도 큰 도움이 됩니다.

저도 외출 후에 집에 돌아오면 제일 먼저 가방을 말끔히 정리하는 일부터 시작합니다. 우선 가방에 들어 있는 물건을 전부 꺼내고 가방을 비웁니다. 그다음 휴

가방이나 지갑 속을 정리하면 사고방식도 단순해집니다.

대전화, 지갑, 열쇠, 교통 카드, 휴대용 티슈와 같이 외출할 때 필요한 물건은 책상 위에 놓인 '제자리' 바구니에 넣어둡니다. 그리고 가방 안을 닦으며 먼지를 털어냅니다. 그 후 다시 외출에 필요한 물건들을 가방에 넣습니다.

이렇게 하다 보면 가방 속은 늘 깨끗한 상태를 유지할 수 있고, 외출에 필요한 물건들은 늘 한데 모아서 '제자리'에 두는 습관이 생깁니다. 때문에 가방에 다시 넣기를 잊어버리는 일도 방지할 수 있습니다. 너저분하게 물건을 늘어놓지 않게 되기도 하지요.

작은 물건을 내 손으로 깨끗하게 만들어보는 소소한 '성공 체험'을 꾸준히 쌓아보세요. 지갑이나 가방 외에 소품 정리함이나 파우치와 같은 물건도 좋습니다. 하나에 성공할 때마다 범위를 조금씩 넓혀보는 겁니다.

그러기를 반복하다 보면 어느새 여러 물건들이 말끔하게 정리되겠지요! 그런 기분 좋은 경험을 한번 해보면 어떨까요? 내 물건이 깨끗해지는 과정을 눈으로 직접 보면 조금씩 정리에 자신감이 생길 겁니다.

게다가 지갑이나 가방 속 정리는 집을 정리하는 일

보다 훨씬 시간과 수고가 덜 드니 가벼운 마음으로 시작해보기에 적당합니다. 내가 정리하고 싶은 곳부터 출발해봅시다. 그 작은 한 걸음이 언젠가 커다란 변화로 이어질 겁니다.

작은 단위부터 정리하는 일은

사고방식을 정리하는 연습이 되기도 합니다.

나의 잡다한 행동을 되돌아보는 계기가 되거나

평소 행동을 객관적으로 볼 수 있는

기회를 제공하는 것이지요.

어디부터
손대야 할지 몰라
포기하고 싶다고?

막상 집을 치워볼까 싶다가도 어디부터 손대야 좋을지 몰라 당황할 때가 있습니다.

그러는 사이에 생각하는 것 자체가 귀찮아져서 "아무래도 정리는 관둬야겠다!" 하며 시작하기도 전에 포기해버리는 사람도 있을 겁니다.

그럴 때는 내가 평소에 가장 오래 있는 공간부터 정리를 시작해보는 것이 좋습니다. 당신이 집 안에서 시간을 가장 많이 보내는 장소는 어디인가요?

시야에 자주 들어오는 곳 먼저 정리한다

거실에 있는 시간이 가장 길다면 거실부터 정리해봅니다. 부엌에 가장 오래 머무른다면 부엌부터, 자기 방에서 가장 오래 시간을 보낸다면 방부터 정리하는 것이 좋겠지요. 외출을 자주하는 편이라면 먼저 현관 정리를 해보길 추천합니다. 이렇게 나에게 가장 중심이 되는 생활공간부터 시작해보세요.

'어느 장소부터 정리해야 한다'라고 정해진 규칙은 없습니다.

집 안에서 가장 오래 머무르는 공간은 사람마다 제각기 다르니 자신에게 맞는 곳부터 정리해가면 됩니다.

시야에 자주 들어오는 공간을 말끔하게 치우면 '와아, 깨끗해졌다!'라는 사실이 생생하게 실감 나면서 강력한 동기 부여가 됩니다.

딱 한 곳만
깨끗하게 정리해도
집 안 전체가 달라진다

어디부터 청소를 시작할지 정하셨나요?

거실부터 시작하기로 결정한 경우를 예로 들어 이야기해보겠습니다.

치울 곳을 정했으니 그다음에는 무엇을 하면 좋을까요? 우리가 무심결에 빠지기 쉬운 함정이 여기저기 모조리 깨끗하게 치워야 한다는 압박감입니다. 초조한 마음이 든다고 해서 단번에 깨끗이 치우려고 들면 안 됩니다. 우선은 딱 한 군데, 딱 한 곳만 깨끗이 치워보는 것이 좋습니다.

약간의 '빈 공간'이 주는 기분

'딱 한 곳만 깨끗하게 치운다고 진짜 정리가 되겠어?'라는 걱정이 들지도 모릅니다. 하지만 괜찮습니다!

우선은 어디든 상관없으니 딱 한 곳만 깨끗이 정리해봅시다. 자신이 주로 시간을 보내는 공간, 눈에 늘 가장 잘 보이는 곳을 선택하는 것입니다. 예를 들면 거실에 놓인 탁자처럼 사소하지만 자신에게 편안한 공간을 정해서 그곳만은 늘 정리해두기로 합시다.

여기서 핵심은 아무것도 없는 상태를 유지하는 것입니다. 의식적으로 완전히 '빈 공간'을 만드는 것이지요.

쓸데없는 물건을 놔두지 않고 정돈된 상태를 만든 다음, 깔끔해진 공간을 걸레 등으로 닦습니다. 그것만으로도 큰 변화가 생깁니다. 단 한 군데라도 깨끗하게 치우면 그것만으로 집 전체가 말끔해 보이고, 집 안에 흐르는 공기가 달라집니다.

서두르지 않는
자세는
정리의 필수조건

　일단 한 곳을 깨끗이 하고 나면 곧바로 '이제 또 다른 곳을 치우자'라고 생각하기 쉬울 겁니다. 하지만 그 생각은 거기서 잠깐 멈추세요. 다음 단계로 나아가기 전에 해야 할 일이 있습니다.

　먼저 정리한 곳을 일정 기간 동안 안정적으로 깨끗이 유지하는 것이지요. 그 한 군데만 깨끗이 유지할 수 있다면 다른 일은 전혀 못 하더라도 상관없습니다! 설령 다른 공간은 어질러진 채 정리가 안 돼 있다고 해도 괜찮습니다.

일주일간 '딱 한 곳만 깨끗하게' 하는 연습

여러 공간을 단번에 깨끗이 치우려고 드는 것은 '청소 요요 현상'이 찾아오는 원인이 됩니다. 그러나 집 안에서 '딱 한 곳만 깨끗하게' 유지하기를 목표로 한다면 무리 없이 가벼운 마음으로 정리를 시작할 수 있을 겁니다.

예를 들어 식탁을 목표로 정했다면 식사를 하거나 서류 작업을 할 때처럼 사용할 때 외에는 아무런 물건도 놓지 않도록 합니다. 식사를 마친 후에는 접시나 테이블 매트는 물론 조미료 통이나 컵 따위의 모든 물건을 식탁에서 치운 다음 행주로 닦아줍니다. 외출하기 전에는 식탁 위에 아무것도 없는 상태인 것을 확인합니다. 자리를 정돈한 다음 외출하는 것을 습관화하는 것이지요.

이 상태를 일단 일주일 동안 유지하도록 합니다. 거듭 강조하지만 '딱 한 곳만 깨끗하게' 유지하기를 마음에 새기면 어렵지 않습니다.

깨끗한 상태에서 외출하면 돌아왔을 때 당연히 그 자리는 깨끗한 상태이겠지요? 정돈되고 쾌적한 공간이

나를 맞이해주는 것은 대단히 기분 좋은 일입니다.

이것이 습관화되다 보면 지나치게 의식하지 않더라도 안정적으로 깨끗한 상태를 유지할 수 있습니다. 깨끗함을 유지하는 습관이 정착되었다는 생각이 든다면 그때 다음 공간을 깨끗이 정리하면 됩니다. 깨끗함을 유지하는 자리를 넓혀가는 느낌으로 말이지요.

어디까지나 목적은 '정리'하는 것이 아니라 '바람직한 상태를 유지'하는 일이라는 점을 잊으면 안 됩니다. '딱 한 곳만 깨끗하게' 유지할 수 있으면 다른 공간도 말끔하게 유지하기가 한결 쉬워집니다.

자연스럽게 정리의 즐거움에 눈 뜨는 순간이 온다

만일 '깨끗한 공간이 늘어나다 보니 정리가 조금 어려워졌네' 싶다면 언제든 딱 한 곳만 깨끗하게 유지하는 단계로 되돌아가도 괜찮습니다. 다시 처음처럼 한 곳만 깨끗이 유지하는 일에 집중하는 겁니다.

한 걸음 한 걸음, 초조해하지 말고 정리해가면 됩니다. 그것이 바로 즐겁게 집을 정리하는 동시에 청소 요요 현상을 부르지 않는 요령입니다.

'딱 한 곳'만 일주일 동안 깨끗하게 유지하면 변화가 시작됩니다.

딱 한 곳만 깨끗하게 유지하는 상태를 이어가다 보면 재미있게도 다른 공간의 지저분함에 민감해지면서 그 전까지 알아차리지 못했던 지저분한 것들이 눈에 보이기 시작합니다.

예전에 상담했던 한 의뢰인은 이 방법을 배우고 난 뒤 집 안에서 식탁 한 곳만 깨끗하게 유지하기로 결심했습니다. 그런데 며칠이 지나자 화장실 청소 중에 그 전까지는 전혀 의식하지 못했던 변기 뚜껑의 작은 얼룩 때가 눈에 들어왔다며 놀라움을 감추지 못했습니다.

이처럼 '딱 한 곳만 깨끗하게' 정리하기를 의식하다 보면 자연스럽게 안테나가 뻗쳐 정리되어 있지 않은 곳이 눈에 들어오게 됩니다. 의뢰인은 그 이후로 '자신이 지금껏 알아차리지 못했던 지저분한 부분 찾기'가 즐거워졌다고 말했습니다.

예전에는 '청소해야 되는데 귀찮아. 아무리 깨끗이 치워봤자 금세 또 지저분해질 텐데 청소하는 게 의미가 있는 건가?'라는 생각 때문에 떨떠름하게 정리를 했었다고 합니다. 그런데 점차 '아, 이런 데 이런 때가 있었다니! 내가 모르던 곳에 있던 지저분한 것들을 치우는 일은 정말 즐겁구나'라는 기분이 들게 되어 매일매일 청소하는 일이 힘들지 않게 되었다는 것이지요.

무슨 일이 있어도 일주일 동안 딱 한 곳만 깨끗하게 유지하는 자세를 마음에 새겨보세요. 이 자세가 습관이 되면 청소하기가 한결 편해질 수 있습니다.

빈 공간이 생기면
나를 드러낼 공간도
생긴다

물건이 아무것도 놓여 있지 않은 공간은 아주 쾌적하게 보입니다. 그런 공간이 마련되었다면 거기에 내가 좋아하는 것을 놓아보면 어떨까요?

예컨대 좋아하는 꽃으로 장식해도 좋고, 좋아하는 그림이나 소품, 사진 등으로 꾸미는 것도 추천할 만합니다. 에너지를 올려준다는 천연석 등으로 장식하는 사람들도 있습니다.

어떤 물건이든 온갖 것들이 너저분하게 어질러진 곳에 두면 존재가 묻히겠지만, 쾌적하게 정돈된 공간에 놓으면 아름답게 모습을 드러내겠지요. 이렇게 내 마음이 편안해지는, 나에게 아늑한 공간을 만들어봅시다.

'최고의 나'를 의식하게 만드는 환경으로

이런 공간에 자기 사진을 걸어 장식하는 사람도 있습니다. 환히 웃는 얼굴이 찍힌 사진을 늘 시선이 닿는 곳에 두면 자연스럽게 '오늘 하루도 활기차게 보내야지!'라는 마음이 든다고 합니다.

간혹 가장 뚱뚱하던 시절의 사진을 걸어두고 볼 때마다 '다시는 저때처럼 돌아가지 않을 거야'라고 다짐한다는 사람도 있는데, 그보다는 '되고 싶은 나'의 모습 혹은 '좋았던 시절'의 사진을 보며 영향을 받는 편이 압도적으로 좋은 결과를 얻을 수 있습니다.

인간에게는 자신이 본 것을 흉내 내는 능력이 있기 때문에 좋은 이미지를 많이 모아서 거기에 가까워지려 하는 성향을 살리는 겁니다.

동경하는 사람의 사진을 거는 사람도 있습니다. 그러나 오히려 '나는 동경하는 사람처럼 될 수 없다'는 생각에 우울해하거나 '나를 버리고 다른 사람이 되어야 한다'며 스스로를 부정하게 될 수도 있어 이 방법은 그리

추천하지 않습니다. '최고의 나'를 의식할 수 있을 만한 사진을 걸도록 합시다.

쾌적하게 정리된 공간에 내가 좋아하는 물건을 장식하면 물건의 장점이 더욱 부각되어 더더욱 큰 애정을 갖게 될 겁니다.

스스로를
너무 몰아붙이지
않는다

    정리 때문에 고민하는 사람들은 '나는 정리를 할 줄 몰라'라며 <u>스스로를 몰아붙이는</u> 경우가 많습니다. 하지만 실제로 정리를 못하는 사람은 없습니다. 그저 너무 지나친 완벽을 바랄 뿐이지요. 집이 완벽하게 정리되어 있지 않으면 '정돈된 상태'로 인정하지 못하는 사람이 많습니다. 그러나 사실 정리가 조금이나마 진행되었다면 그것은 이미 '정리가 된 것'입니다.

    어떤 게임에서든 말이 조금씩 나아가다가 목표점에 도달하게 됩니다. 정리도 그와 같은 일이지요. 말을 한 단계 한 단계 나아가게 하면 목표에 이를 수 있습니다.

조금씩 실천하는 나를 칭찬하는 습관

이제부터 하나의 행동을 해낸 다음에는 그 일을 달성해낸 나 스스로를 칭찬해주면 어떨까요? "오늘도 집 한구석을 깨끗하게 치웠어!" 하며 자신을 아낌없이 칭찬하는 겁니다. 매일매일 나를 칭찬하다 보면 어느새 스스로에게 자신감을 가질 수 있게 될 겁니다. 그것이 바로 소소한 '성공' 체험이 주는 자신감이지요.

칭찬을 받는 것은 기쁜 일입니다. 칭찬을 받으면 신이 나는 것은 어린아이나 어른이나 마찬가지입니다.

어떤 사소한 일이라도 좋습니다. 하나의 일을 해내면 반드시 "잘했어! 난 대단해! 난 훌륭해!"라고 과장스러울 만큼 스스로를 칭찬해줍시다.

칭찬이 과해서 나쁠 일은 아무것도 없지요. 칭찬은 끊임없이 동기를 부여해서 나 스스로에게 자신감을 갖도록 도와줍니다.

정리를 할 줄 모른다는 이유로 고민하는 사람들은

'나는 정리를 할 줄 몰라'라며 스스로를

몰아붙이는 경우가 많습니다.

이제부터 하나의 행동을 해낸 다음에는 그 일을 해낸

나 스스로를 칭찬해주면 어떨까요?

"오늘도 집 한구석을 깨끗하게 치웠어!" 하며

자신을 아낌없이 칭찬하는 겁니다.

저는 늘 "버리지 않아도 됩니다!"라고 말하지만,

신기하게도 '꺼내기-닦기-제자리에 넣기'

3단계에 따라 정리하는 사이에 거의 대부분의 의뢰인들이

자발적으로 물건을 놓아줄 결심을 합니다.

그래도 '역시나 버리고 싶지 않아'라는 생각이 든다면

당연히 버리지 않아도 됩니다.

Part 4

'버리지 않는'
마법의 3단계 정리법

물건을 꺼내서 닦고
다시 넣는
정리의 3단계

지금까지 딱 한 곳만 깨끗하게 유지하기를 중심으로 집 전체를 정리하는 방법을 소개했습니다. 이제부터는 제가 터득해낸 정리법에서 가장 중요한 핵심을 설명하고자 합니다. 저의 정리법은 기본적으로 간단합니다. 바로 이것뿐이지요.

물건을 꺼내서 닦고 도로 제자리에 넣는다.

어딘가에 넣어두었던 물건을 예로 들어봅시다. 우선 들어 있던 물건을 전부 꺼낸 다음 책장, 선반, 서랍과 같은 수납공간과 그 안에 들어 있던 물건들을 하나씩 닦습니다. 그리고 다 닦은 물건을 수납공간의 원래 자리에 다시 넣으면 됩니다.

자발적으로 물건을 놓아주기로 결심하게 되는 이유

아주 단순하지요. 이 방법은 어디서든, 어떤 수납 형태에든, 어떤 물건에든 응용이 가능합니다.

앞서 이야기한 것처럼 내가 가장 오래 머무르는 공간, 가장 쉽게 손을 댈 만한 곳부터 시작하면 됩니다.

저는 늘 의뢰인들에게 "꼭 버리지 않아도 됩니다!"라고 말하지만, 신기하게도 '꺼내기-닦기-제자리에 넣기'라는 3단계에 따라 정리하는 사이에 거의 대부분이 자발적으로 물건을 놓아줄 결심을 합니다.

만약 이 순서대로 정리한 후에도 '역시나 버리고 싶지 않아'라는 생각이 든다면 당연히 버리지 않아도 됩니다. 물건을 닦은 다음 전부 다 원래 자리에 도로 넣어도 상관없습니다.

그럼 이제부터 정리의 3단계에 대해서 하나하나 자세히 설명해보겠습니다.

저는 늘 의뢰인들에게 "꼭 버리지 않아도 됩니다!"라고

말하지만, 신기하게도 3단계에 따라 정리하는 사이에

거의 대부분이 자발적으로 물건을 놓아줄 결심을 합니다.

만약 이 순서대로 정리한 후에도

'역시나 버리고 싶지 않아'라는 생각이 든다면

당연히 버리지 않아도 됩니다.

1단계
고민 없이
일단 모조리 꺼낸다

먼저 정리하고 싶은 곳에 있는 물건을 단숨에 모두 이동시킵니다. 책장을 정리하고 싶다면, 우선 거기 꽂혀 있는 책들을 모조리 책장 밖으로 꺼냅니다.

이것저것 생각할 필요 없이 오로지 '꺼내는' 행동에만 집중하세요. 마치 스스로 기계라도 된 것처럼 담담히 손을 움직이면 됩니다. 고장 난 물건이 아닌 이상은 통째로, 한꺼번에 옮기는 것이 좋습니다.

이때 중요한 것이 한 가지 있습니다. '아무 생각도 하지 않는 것'입니다. 그저 내가 물건을 '꺼내는 기계'가 된 것처럼 아무것도 생각하려 하지 말고 오로지 꺼내는 일에만 주의를 기울이는 겁니다. 꺼낸 물건들은 빈 공간에 놓아도 좋고, 미리 준비한 상자 안에 넣어두어도 좋습니다.

만일 이 시점에서 '이건 별 필요가 없겠는데?' 싶은 물건이 있다면 미리 치워두어도 좋겠지요.

1단계. 무심하고 담담하게 '꺼내는' 일에 집중합니다.

2단계
손으로 직접 닦으며
무엇을 원하는지 생각한다

물건을 전부 다 꺼냈다면 이제 닦는 작업에 들어갑
시다. 닦을 때 특별히 필요한 도구는 없습니다. 주변에
있는 물건을 이용해서 닦으면 됩니다. 때를 싹 닦아내
는 방법은 뒤에서 자세히 설명하겠습니다.

일단 물걸레용과 마른걸레용 헝겊을 두 장 준비합니
다. 그리고 물걸레질을 한 다음 마른걸레질을 하는 순
서로 닦으면 됩니다.

가장 먼저 서랍장이나 선반처럼 물건을 두었던 수납
공간부터 닦습니다. 우선 먼지를 쓸어낸 다음에 정성껏
물걸레질합니다. 그다음에 같은 자리를 마른걸레질을

합니다. 한 손에 물걸레를, 다른 한 손에 마른걸레를 들고 번갈아가며 닦으면 크게 힘들이지 않고 닦을 수 있습니다.

그 후에 넣어두었던 물건들 하나하나를 마른걸레로 훔친 다음 먼지와 때를 닦아냅니다.

무심한 듯 신중하게 물건을 다루는 나만의 의식

이때 물건을 의식적으로 '소중히 다루는 것'이 핵심입니다. 닦는 행위는 중요하지만 힘을 잔뜩 주어 박박 닦을 필요는 없습니다. 힘을 빼고 가볍게, 구석이나 뒤쪽도 빠짐없이 애정을 갖고 예뻐하듯 정성껏 어루만져줍니다.

여기에서 물건과 관련된 추억에 잠기지 않도록 주의해야 합니다. 작업을 할 때는 무심하고 담담한 자세가 필요합니다. 생각보다는 행동을 우선하고, 눈에 먼저 띄는 물건부터 하나씩 닦는 것이 좋습니다.

자신이 굳이 무언가를 떠올리거나 생각하려 하지 않아도 닦는 동안에 이 물건을 앞으로도 소중히 여기고 싶은지 아닌지, 이제껏 내가 소중히 여기고 있었는지

2단계. 물건을 닦는 사이에 나에게 소중한 물건인지 아닌지가 보이기 시작합니다.

등을 자연스럽게 깨달을 수 있습니다.

이런 '닦기' 과정을 통해 내가 무엇을 정말로 소중히 여기고 싶어 하는지, 내가 하고 싶은 일이 무엇인지를 분명히 알 수 있게 될 겁니다.

물건을 닦는 동안 이것을 앞으로도 소중히 여기고 싶은지,

이제껏 내가 소중히 여기고 있었는지 등을

자연스럽게 깨달을 수 있습니다.

이런 '닦기' 과정을 통해 내가 무엇을 정말로

중요하게 생각하는지, 내가 하고 싶은 일이 무엇인지를

분명히 알 수 있게 될 겁니다.

3단계
좋아하는 물건부터
제자리에 넣는다

안에 넣어두었던 물건들을 꺼내 닦고 난 다음에는 제자리로 도로 넣는 작업을 시작합니다. 내가 좋아하는 물건, 마음에 드는 물건부터 차례대로 다시 넣어주면 됩니다. 이때는 조금 고민을 하면서 작업을 진행하도록 합니다.

책 정리를 한다면 자주 읽는 책, 또는 잘 안 읽는 책 순서로 나열해서 꽂아가는 것도 좋겠지요. 좋아하는 책을 제일 손이 잘 닿는 곳에 두는 것도 좋습니다. 책등의 높이가 같은 책들끼리, 혹은 분야별로 모아서 꽂는 것도 괜찮은 방법입니다.

옷 정리를 한다면 내가 좋아하는 옷, 잘 입는 옷부터 다시 넣어보세요. 이렇게 순서를 정하면서 정리하다 보면 내가 어떤 옷을 좋아하고, 어떤 옷을 자주 입는지 객관적으로 알 수 있습니다.

필요 없는 물건들은 자연스럽게 순서가 밀려 끝까지 남는데, 그럴 때 '이건 슬슬 정리하는 편이 좋겠다'라는 생각이 떠오르기도 합니다.

제자리에 다시 넣고 싶지 않으면 놓아주어도 된다

정리를 하다 보면 말끔히 치운 곳에 다시 넣고 싶지 않은 물건들도 나올 겁니다.

그때 '이제 이건 나에게 필요 없어'라는 생각이 든다면 놓아주어 봅시다.

물건이 자리했던 곳, 물건이 수납되었던 공간을 깨끗이 닦으면 그곳에 대한 애착이 크게 생겨납니다. 그래서 깨끗이 치운 곳에 더 이상 필요 없는 물건, 쓸데없는 물건을 넣고 싶지 않게 되기 마련이지요.

그 순간이 오면 어떤 물건이 지금 나에게 필요한지 아닌지를 선별할 수 있게 됩니다. 굳이 "버리자!" 하고 기합을 넣거나 억지로 다짐하지 않아도 자연스럽게 놓아줄 수 있는 것이지요.

3단계. 필요 없는 물건은 다시 제자리에 넣고 싶지 않습니다.

내 손으로
무언가를 닦는 순간
행운이 찾아온다

저는 정리법 중에서도 '닦기'를 주로 추천하는데, 여기에는 이유가 있습니다.

'닦기'에는 우리의 바람을 이뤄주는 힘, 이른바 '인생을 바꾸는 힘'이 있기 때문입니다. 정리 레슨 중에도 늘 바닥 걸레질은 물론이고, 수납공간에서 물건을 꺼내면 먼저 수납공간을 닦은 다음에 물건을 닦으라고 권유합니다.

'닦기'라는 단어에는 거뭇거뭇해진 은이 다시 빛을 낼 때까지 오랜 시간을 들여 몇 번이고 반복해 문지르는, 그런 이미지가 있는지도 모르겠습니다. 이렇게 말하면 '시간이 많이 걸릴 것이다', '귀찮겠다'라는 생각이 들 수 있지만, 사실 그렇게 부담스러운 노동은 아닙니다.

소중한 것을 어루만진다는 느낌으로

어쩌면 '닦기'라고 표현하기보다 '어루만지기'라고 표현하는 편이 실제 의미에 더 가까울지도 모릅니다. 개를 어루만진다, 고양이를 어루만진다, 어린아이를 어루만진다……. 대상을 귀여워하고 예뻐하는, 그런 느낌이지요.

바닥이나 물건도 강아지나 고양이, 어린아이를 도닥이는 것과 같은 느낌으로 어루만져봅시다. 틀림없이 마음이 따뜻해질 겁니다.

실제로 저는 오랜 시간 책상에 앉아 일하느라 스트레스가 쌓일 때면 바닥 걸레질을 시작합니다. 그러면 날카로운 가시가 잔뜩 돋쳐 있던 마음이 조금씩 둥글어지면서 점차 기분이 안정됩니다. 또 머릿속이 가벼워지면서 생각지 못했던 아이디어가 떠오르는 일도 적지 않습니다.

바닥 혹은 물건은 내가 닦아주면 거기에 분명히 답해줍니다. '바닥이나 물건이 생명체도 아닌데 무슨 반응을 하겠어?'라고 생각하기 쉽지만, 놀랍게도 제대로 된 반응이 돌아옵니다. 물론 살아 있는 생명체처럼 생긋 웃거나 울음소리를 내면서 표현하는 일은 없지요. 하지만 반짝이는 '빛'의 형태로 대답을 보여줍니다.

닦을수록 때가 벗겨지고 환해지는 모습을 보다 보면 틀림없이 내 마음까지도 빛나기 시작하는 듯한 느낌이 들 겁니다.

닦는 일의 연장선상에서 '동전 닦기' 같은 것을 해보는 것도 좋습니다. 얼핏 청소와 별 상관이 없지 않나 하는 생각이 들 수 있습니다. 그러나 동전을 닦아보면 압니다. 여기에 깨달음을 얻거나 직감을 더욱 예리하게 키울 수 있는 등 의외로 여러 효과가 있다는 것을 말이지요.

인생을 빛내주는 '닦기'의 매력

저도 5년 전쯤부터 동전 닦기를 시작했고, 그때부터 업무 방식에 변화가 생겼습니다. 그 전까지는 늘 여기저기 돌아다니고 나를 찾아준다면 어디라도 찾아가는 업무 방식이 가장 바람직하다고 믿었습니다. 그런데 동전 닦기를 하면서 '과연 그런 업무 방식이 정말로 나에게 바람직할까?' 하는 의문이 생겼습니다.

그 후 자연스럽게 '무턱대고 일만 하는 게 좋은 건 아니야. 나에게 더 가치 있는 방식으로 움직이자'라고 생각이 바뀌었습니다. 그 결과 악착같이 일하지 않아도 오히려 성과가 오르는 효율적인 업무 방식으로 전환할 수 있었습니다.

이 동전 닦는 법을 강좌나 상담 등을 통해 소개하면 의외로 대단한 호평이 돌아옵니다. 한 미용사 분은 제 강의를 들은 다음 가게 동전을 전부 반짝반짝하게 닦았다고 합니다. 손님들에게 드릴 거스름돈을 반짝거리는 동전으로 준비했던 것이지요. 그 사실은 크게 주목을 받았고 그분은 이에 대해 책을 써서 출판하기도 했습니다.

동전은 어떤 것이든 닦는 보람이 있습니다. 그중에서도 5엔과 10엔 동전이 특히 닦고 난 후 만족도가 높고 그만큼 깨끗해졌을 때의 뿌듯함도 큽니다.

우선은 동전을 타바스코 소스에 15초가량 담가둡니다. 이것만으로도 단박에 녹이 빠집니다. 녹이 빠진 동전은 물로 씻어낸 다음에 소량의 치약을 묻힙니다. 그런 다음 빙글빙글 원을 그리듯이 닦아내면 됩니다. 엄지손가락으로 문질러도 좋고, 맨손으로 닦기가 꺼려진다면 화장지나 천으로 닦아도 좋습니다.

마지막으로 다시 한번 물에 가볍게 씻어낸 다음 물기를 닦아내면 완성입니다. 이렇게 닦아낸 동전이 반짝반짝 빛나는 모습을 보면 마음이 살짝 들뜰 겁니다. 각 동전이 마치 옐로골드나 핑크골드 같은 빛깔로 재탄생하면서 방금 막 찍어낸 새 돈을 손에 든 것 같은 기분도 들지요.

"와아, 예쁘다!" 하는 쾌감을 느꼈다면, 부디 그 마음을 잊지 않기를 바랍니다. 집을 깨끗이 정리할 때에도 이와 같은 감정이 생겨나기 때문입니다.

정리는
내 마음이 내킬 때
하면 된다

정리를 할 때 나도 모르게 단숨에 집을 깨끗이 치워버리겠다는 생각을 하기 쉽습니다. 그런데 절대 그렇게 생각해선 안 됩니다.

전체를 한 번에 청소하려고 하기보다는 한 곳씩, 아주 살짝살짝 움직이면서 집을 조금씩 개선해가는 것이 좋습니다.

우선은 딱 한 곳만 깨끗이 치우는 데에 집중하고, 그곳을 깨끗이 유지할 수 있게 되었을 때 다른 곳으로 눈을 돌려보면 어떨까요?

중요한 것은 조금씩 정리를 실천해보고 조금씩 깨끗해지는 상태를 만끽하는 경험과 기억입니다. '이만큼 정리하면 이만큼 깨끗해지더라' 하는 경험을 직접 해보면 집이 살짝 지저분해졌을 때에도 '지난번처럼 살짝 청소하면 다시 그때 같은 상태로 돌아갈 것'이라는 마음이 들기 때문이지요.

그런데 한꺼번에 몰아서 싹 치우다 보면 다음번에는 도리어 '또 그때처럼 온 힘을 다해 치우지 않으면 깨끗해질 수 없겠지'라는 절망감부터 엄습합니다. 그러다 결국 '그만큼 움직여야만 깨끗해지는 거라면 됐어, 안 해!' 하며 자포자기할지도 모릅니다.

그보다는 '살짝 했더니 살짝 개선되었다'라는 경험과 기억을 살려보면 어떨까요? 자연스럽게 '조금만 하면 되니까 기분 전환 삼아 다시 해볼까?' 하는 마음이 들도록 하는 편이 좋지 않을까요?

정리하기 전에 이렇게 가벼운 마음을 갖는 것이 가장 중요합니다. 가볍게 시도해보는 청소를 '살짝 청소'라고 이름 붙여봅시다. 저는 의뢰인들에게도 마찬가지로 조언을 합니다.

"살짝 정리하고 살짝 깨끗해지는 경험을 꼭 기억하세요."

작은 걸음걸음이 쌓여가는 것이 중요합니다.
한꺼번에 몰아서 하지 말기.
시간이 있을 때, 마음이 내킬 때, 아주 살짝만 하기.
'살짝 청소'를 잊지 마세요.

전체를 한 번에 청소하려고 하기보다는

한 곳씩, 아주 살짝살짝 움직이면서

집을 조금씩 개선해가는 것이 좋습니다.

우선은 딱 한 곳만 깨끗이 치우는 데에 집중하고,

그곳을 깨끗이 유지할 수 있게 되었을 때

다른 곳으로 눈을 돌려보면 어떨까요?

'딱 한 곳만 깨끗하게' 유지하고
'꺼내기-닦기-제자리에 넣기'만 명심하면
일부러 물건을 버리지 않아도 집은 놀랄 만큼 깨끗해집니다.
조금이라도 정리가 되었다면 자신을 마음껏 칭찬해주세요.
이런 사소한 '성공 체험'이 쌓이면서 당신에게 자신감을 주고,
이윽고 그 자신감이 큰 힘이 되어줄 겁니다.

Part 5

공간에 따라
정리법이 다르다

인간은
시각적 이미지에
몰입하는 존재

막상 '정리합시다'라는 말을 들어도 구체적으로 무엇을 어떻게 하면 좋을지 막막할 때가 많습니다. 애초에 '청소' 혹은 '정리정돈'이라는 말이 너무 추상적이라고 생각해본 적 없나요?

'정리'는 그 행위 자체도, 단어 자체도 실로 막연합니다. 막연하기 때문에 이미지를 떠올리기도 어렵지요. 그렇다면 '정리'를 조금 더 구체적으로 생각해보는 게 어떨까요? 예컨대 '아무것도 놓지 않은 상태로 만들기' 혹은 '꽃을 장식해둘 만한 환경으로 만들기'와 같이 생각한다면 보다 알기 쉽고, 행동을 시작하기도 쉬워질 겁니다.

정리할 때 유용한 방법이 하나 더 있습니다. '이상적인 집'의 이미지를 먼저 구체화한 다음 그 이미지에 가깝게 만들어가는 방법입니다.

만들고 싶은 공간을 시각적으로 떠올리는 연습

실제로 이런 연구 자료가 있습니다. 한 농구 팀에 소속된 선수들을 동일한 인원수대로 두 개의 그룹으로 나누었습니다. 하나의 그룹은 일주일 동안 농구 코트에서 열심히 슈팅 연습을 하도록 했습니다. 다른 그룹은 일주일 동안 연습 없이, 슛이 들어가는 영상만 꾸준히 보게 했습니다.

일주일 후, 어느 그룹의 슛 성공률이 더 높아졌을까요? 맞습니다. 슛이 들어가는 영상만 계속해서 본 그룹이 실제 성공률도 더 높아졌습니다.

이처럼 인간은 '시각적 이미지에 몰입할 줄 아는 존재'입니다. 잘되고 있는 이미지, 긍정적인 이미지를 많이 보면 정말 그 이미지대로 움직일 수 있게 되지요.

구체적인 이미지를 떠올리기 어렵다면 잡지나 화보

등을 살펴보며 괜찮다 싶은 집을 찾아보는 것도 좋습니다. 또는 지인의 집을 구경하며 이미지를 확장해보는 것도 좋은 방법입니다.

'벽에는 이런 장식이 좋겠어', '그림을 이런 식으로 걸면 멋있구나', '수납을 싹 하니까 이렇게 깔끔해 보이네'와 같이 구체적인 이미지를 통해 자기 취향을 적용해가는 겁니다. 이처럼 막연하게 "정리해야 돼!"라고 생각할 것이 아니라 '어떤 집으로 만들고 싶은가?'를 구체적으로 생각해야 합니다. 그러면 보다 빨리, 또한 본인이 원하는 방향대로 구현된 집을 가질 수 있을 겁니다.

애초에 '정리정돈'이라는 말이 너무 추상적이라고

생각해본 적 없나요?

'정리'를 조금 더 구체적으로 생각해보면 어떨까요?

예컨대 '아무것도 놓지 않은 상태로 만들기'

혹은 '꽃을 장식해둘 만한 환경으로 만들기'와 같이 생각한다면

보다 알기 쉽고, 행동을 시작하기도 쉬워질 겁니다.

정리를
쉽게 만드는
생각의 전환

정리를 시작하기 전에 이상적인 집의 모습을 이미지 화하자고 이야기했는데, 여기서 한 가지를 더 시도해보려고 합니다. 바로 '나의 집이 정리된 모습'을 떠올려보는 것입니다.

정리를 잘 못하는 사람은 처음부터 정리를 잘하는 '요령'을 알고 싶어 하기 십상이지만, 그보다 우선해야 할 일이 있습니다. '내가 정리하는 모습을 이미지로 떠올리는 것'입니다.

어떻게 해야 정리가 되는지를 알기 전에 실제로 정리하는 모습을 눈에 익히는 편이 머릿속에 더 강한 인상을 줄 수 있습니다.

예를 들어 정리하는 사람의 집을 보러 가는 것도 좋고, 유튜브 같은 사이트에서 정리하는 영상을 찾아보는 것도 좋겠습니다. 그 영상을 눈에 익히면서 자신의 집과 이미지를 맞춰가는 것이지요.

그리고 구체적으로 '나의 집이 정리되어 있는 이미지', '내가 살고 싶은 집에 가까워지는 이미지'를 머릿속에 각인합니다. 추상적인 이미지는 점점 줄이고, 구체적인 이미지를 점점 늘려갑니다.

정리된 이미지가 가져다주는 '플러스 효과'

어떻게 하면 구체적인 이미지를 쉽게 떠올릴 수 있을까요? 이를테면 "정리하자!", "정리정돈 해야지!"가 아니라 "마음에 들지 않는 물건을 쌓아두지 말자!", "내가 좋아하는 인테리어로 꾸민 집을 만들자!"로 생각을 전환해볼 수 있습니다. 그것이 바로 정리를 하기 쉽게 만드는 요령입니다.

정리된 집에 있으면 그런 '좋은 이미지'를 만들기가 쉽습니다.

그런데 내 집이 명백하게 어지럽거나 지저분한 상태

라면 어떨까요?

아무리 밖에서 무언가를 성취하거나 만족감을 누렸다고 해도 집에 돌아온 순간, 도저히 행복하다고 말할 수 없는 이미지가 눈에 들어온다면? 쉽게 손에 넣을 수 없는 성공 체험이 바람직하지 못한 이미지 때문에 순식간에 전부 사라져버리게 될 겁니다.

하지만 집이 내가 원하는 모습대로 잘 정리되어 있다면 어떨까요?

밖에서의 성공 체험을 가지고 잘 정리된 집으로 돌아오면 밖에서 거둔 좋은 이미지와 집에서 얻는 좋은 이미지가 어우러지면서 긍정적인 힘이 배가되는 '플러스 효과'를 최대로 얻을 수 있습니다.

즉 집을 정리하는 일은 가장 손쉽게 이미지의 플러스 효과를 거둘 수 있는 방법인 것이지요.

머릿속에
깨끗한 집의
이미지를 심어놓을 것

"모처럼 집을 깨끗이 치우긴 했는데 깨끗한 상태를 유지하기가 이렇게 어려울 줄 몰랐어요."

의뢰인들이 이런 고민을 하는 경우가 의외로 적지 않습니다. '깨끗한 상태를 유지해야 해! 반드시 이 상태를 지속해야만 해!' 이렇게 생각하면 몸도 마음도 쉽게 지치고 맙니다. 이런 생각은 오히려 하지 않는 편이 좋습니다.

앞서 설명했듯 사람은 이미지에 몰입하는 성향이 있습니다. 그래서 한번 머릿속에 깨끗하게 정돈된 집의 이미지가 기억되면 이를 지향점 삼아서 움직이는 경향이 있습니다.

그러니 우선 깨끗해진 집의 모습을 사진으로 찍어둡시다. 이 상태를 기억 속에 저장해두고 기준으로 삼는 것이지요. 깨끗함을 유지하는 것이 아니라 '원래 깨끗한 상태'라는 사실을 머릿속에 넣어두면 집이 어질러졌을 때도 원래대로 되돌리고 싶은 마음이 자연스럽게 샘솟을 겁니다.

남의 집을 보는 것처럼 냉정하게 바라보기

가능하면 정리한 다음뿐만 아니라 정리하기 전의 사진도 함께 모아두면 좋습니다. 정리의 '비포앤애프터' 사진을 찍어두는 것이지요.

매일 보는 집이다 보니 자신은 좀처럼 객관적으로 보지 못하는 부분이 있습니다. 하지만 정리 전과 후 이미지를 나란히 모아놓으면 타인의 집을 보는 듯 냉정하게 집을 '관찰'할 수 있게 됩니다.

어디가 얼마나 정리되었는지 숨은 그림 찾기처럼 발견하는 즐거움도 있습니다. 깨끗한 집에서 시간을 보내는 기분도 맛볼 수 있지요.

"깨끗한 집에서 생활하니까 진짜 기분 좋다. 마음이 평온해" 하는 체험을 거듭하다 보면 조금씩 집을 어지럽히지 않게 됩니다.

일이
술술 잘 풀리는
정리 노하우가 있다

이제부터는 각 공간별 정리법을 소개하고자 합니다.

신기하게도 집 안의 각 공간마다 어떻게 정리하느냐에 따라서 직장생활, 인간관계, 의사소통, 건강 등 삶의 여러 측면에서 각기 다른 운을 높이는 효과가 있습니다.

바꾸고 싶은 곳을 중심으로 정리하는 것도 좋고, 정리를 시작하기 쉬운 곳부터 손을 대보는 것도 좋습니다. 이때 중요한 것은 지나치게 기를 쓰지 말고 내가 할 수 있는 곳을 할 수 있는 만큼만 정리하는 것입니다. 가벼운 마음으로 정리합시다.

정리법의 기본은 앞서 소개한 대로 '딱 한 곳만 깨끗하게' 유지하기와 '꺼내기-닦기-제자리에 넣기'입니다.

기본만 지켜도 집 안은 깨끗해진다

거듭 이야기한 것처럼 집 안에서 우선 한 곳만 깨끗하게 정리한 다음 그 상태를 유지하는 것을 규칙으로 삼아야 합니다. 이것은 어느 공간에나 마찬가지로 지켜야 합니다.

이런 상태를 유지할 공간은 기본적으로 내 눈에 잘 띄는 곳을 선택하면 좋습니다.

거울이나 수도꼭지처럼 깨끗해졌을 때 눈에 띄게 빛나는 것들을 닦으면 전과 후의 차이가 명확해서 동기 부여에도 더욱 도움이 되겠지요. 욕실에서는 거울이나 수도꼭지 같은 곳을 '딱 한 곳만 깨끗하게' 유지하는 대상으로 정하면 깨끗함이 한층 돋보일 겁니다.

'꺼내기-닦기-제자리에 넣기' 역시 단순하지만 효과가 확실한 방법입니다. 우선 해당 공간에 놓았던 것을 다른 곳으로 이동시킵니다. 예를 들어 욕실을 정리한다면 샴푸나 린스, 비누, 바디샴푸 따위가 들어 있는 용기를 일단 다른 곳으로 옮겨두는 것입니다.

그다음 그것들이 원래 놓여 있던 곳을 먼저 닦고, 용기에 묻은 지저분한 자국을 씻어냅니다. 이때 '이건 더 이상 안 쓰는데', '지금 나한테는 필요 없어'라고 생각되는 물건이 있으면 옆으로 치워두어도 좋겠지요. 각 공간을 청소하면서 필요 없는 물건이 보인다면 이렇게 정리해봅시다. 마지막으로 닦은 용기들을 원래 있던 곳에 다시 놓으면 끝입니다.

'딱 한 곳만 깨끗하게' 유지하고 '꺼내기-닦기-제자리에 넣기'만 명심하면 일부러 물건을 버리지 않아도 집은 놀랄 만큼 깨끗해집니다.

그리고 조금이라도 정리가 되었다면 그렇게 해낸 스스로를 마음껏 칭찬해주어야 합니다. 이 역시 빼놓을 수 없는 단계입니다. 앞서 거듭 강조했듯이 이런 사소한 '성공 체험'이 쌓이면서 당신에게 자신감을 가져다줄 것이고, 이윽고 그 자신감이 큰 힘이 되어줄 겁니다.

그럼 각 공간별 정리법을 살펴볼까요?

'딱 한 곳만 깨끗하게', '꺼내기-닦기-제자리에 넣기'만 해도 순식간에 깨끗해집니다!

집 안의 각 공간마다 어떻게 정리하느냐에 따라서

각기 다른 운을 높이는 효과가 있습니다.

바꾸고 싶은 곳을 중심으로 정리하는 것도 좋고, 정리를 시작

하기 쉬운 곳부터 손을 대보는 것도 좋습니다.

이때 중요한 것은 지나치게 기를 쓰지 말고

내가 할 수 있는 만큼만 정리하는 것입니다.

깨끗한 현관은
기분 좋은
하루의 출발점

　신기하게도 현관을 정리하기 시작하면서 일이 점점 잘 풀린다는 의뢰인들이 제법 많습니다. 요식업에 종사하는 한 의뢰인은 가게 현관을 깨끗이 정리하니 점점 손님이 늘었다고 합니다. 또 개인 사업을 하는 의뢰인은 현관이 깨끗해지니 드나드는 사람도 늘어나고 일도 많이 들어오게 되었다고 하더군요.

　이 정도면 효과가 증명된 것일까요? 저 또한 매일 바지런히 사무실 바닥을 닦고 있습니다.

　가능하면 집 안 바닥 곳곳을 다 닦으면 좋겠지만, 집 안에서 꼭 청소해야 하는 곳을 하나만 추천해달라는 말을 들으면 반드시 권하는 곳이 있습니다. 바로 '현관'입니다.

현관은 집을 나설 때 마지막까지 머무는 공간이자, 돌아왔을 때 가장 먼저 발을 들여놓는 공간입니다. 현관을 지나지 않고 곧장 거실로 향할 수는 없지요.

집을 나설 때 눈에 담긴 이미지가 깨끗하거나, 기분 좋으면 그것만으로도 좋은 시작이 됩니다. 또한 피곤한 몸으로 집에 돌아왔을 때 깨끗한 공간을 눈에 담으면 마음이 조금 안정되지요. 그래서 기분 좋게 출발하고 기분 좋게 귀가할 수 있는 환경을 만드는 일은 중요합니다.

걸레질을 할 때는 '늘 고맙다'는 마음으로

현관은 가능한 한 압박감이 느껴지지 않는 편안한 공간으로 꾸미는 것이 좋습니다. 현관에서 '딱 한 곳만 깨끗하게' 유지해야 한다면 두말할 것 없이 바닥을 선택해야 합니다. 신발은 꼭 신발장에 넣어 바닥에는 늘 아무것도 놓여 있지 않은 상태를 유지하세요.

현관은 밖에서 따라 들어온 먼지나 흙, 모래 등이 남기 쉬운 곳이므로 우선 빗자루로 쓸거나 가볍게 청소기를 돌려줍니다. 그다음에 물걸레질을 하고 마무리로 마른걸레질을 합니다. 제 사무실의 현관 바닥은 흰색입니다. 얼룩이나 때가 눈에 잘 띄는 색깔이어서 더더욱 '깨끗이 닦아야지!' 하는 마음이 드는데, 잘 닦을수록 사업운까지 올라간다니 안 닦고는 못 배기겠지요.

끝으로 현관문까지 닦으면 완성입니다. 특히 현관문 바깥쪽은 쉽게 때가 묻지요. '늘 고맙다'라는 감사의 마음을 담아 마른걸레질을 해줍시다. 현관에 유리창이나 장식물이 있다면 그 주변도 부드럽게 마른걸레질을 해주는 것이 좋습니다.

신발장이나 수납장에 들어 있는 것들은 '꺼내기-닦기-제자리에 넣기'를 이용해 정리합시다. 신발과 수납된 물건들은 일단 다른 곳으로 옮겨둡니다. 그다음 물건들이 놓여 있던 선반을 닦습니다. 신발에 묻었던 흙이나 때는 선반에 들러붙기 쉬우니 물걸레질을 해서 깔끔하게 닦습니다. 마무리로 마른걸레질을 해주면 말끔해집니다.

마지막으로 신발장과 수납장에 두었던 것들을 다시 제자리에 넣는데, 이때 좋아하는 물건과 잘 신는 신발부터 눈에 띄는 자리에 차례대로 넣으면 좋습니다. '다시 넣기 싫다'거나 '이제 필요 없는 물건'이라고 생각되는 것은 이때 놓아주면 됩니다.

힘들지 않은 정리 Tip

〈현관〉

딱 한 곳만 깨끗하게!
현관 바닥 : 항상 물건이 없는 널찍한 상태로 유지한다.

이것만은 하자!
신발은 반드시 신발장에 넣어 정리한다.

스스로를
소중히 보살피는
공간이 필요하다

욕실은 하루의 피로를 푸는 곳이자 나의 건강 상태와 몸을 똑똑히 직시하고 '진짜 나'를 알 수 있는 공간입니다. 몸을 씻는 공간이 더럽거나 어질러져 있으면 나를 소중히 여기기가 힘들어지지요.

몸을 씻을 때는 되도록 샤워로 끝내지 말고 따듯한 욕조 물에 푹 몸을 담가보는 게 어떨까요? 나를 보살펴주는 시간, 나를 위한 시간을 만들어주는 겁니다.

샤워만 하고 끝내는 경우가 많더라도 샤워 공간을 비롯해 욕조 청소는 정기적으로 하는 것이 좋습니다. 모두 곰팡이가 생기거나 물때가 끼기 쉬운 곳이라 부지

런히 닦아주어야 합니다.

몸과 마음을 리셋하는 시간 만들기

일상에서 긴장을 풀 수 있는 시간을 만들면 신기하게도 업무의 질이 함께 높아집니다. 하지만 쉴 틈 없이 바쁘게 돌아다니느라 여유롭게 목욕할 시간이 없다고 하는 사람들도 종종 있습니다.

사실 이런 사람들이야말로 목욕으로 긴장을 풀어줄 필요가 있습니다. 개인을 위한 시간은 줄이고, 제대로 피로를 풀지 않은 채 끊임없이 일에만 몰두하다 보면 도리어 업무 효율이 떨어지기 쉽습니다. 결과적으로 평판이 떨어지는 경우도 생기겠지요.

바쁘더라도 느긋하게 목욕할 시간만은 마련해두기를 명심하세요. 그러면 '그 시간을 활용해 집약적으로 무언가를 할 수 있다'라는 발상이 생겨날 겁니다. 심신의 피로를 리셋하는 동시에 머릿속 생각들이 전환되면서 둘도 없이 기발한 아이디어가 떠오르는 시간이 되기도 하니 일석이조지요.

욕실부터 정리하는 습관은 자연스럽게 나 스스로를

소중하게 여기는 계기로 이어질 수 있습니다. 욕실을 깨끗이 만드는 습관을 익히면서 생활 리듬이 안정되는 경우도 많습니다.

청소 시간을 따로 정할 필요는 없다

욕실 청소는 따로 시간을 낼 필요 없이 샤워나 목욕을 하는 동안 하면 좋습니다. 몸을 씻는 김에 물 묻힌 스펀지로 바닥과 세면대, 벽, 거울 등도 가볍게 씻어내면 됩니다.

전용 세제를 묻혀 벅벅 문지를 필요는 없습니다. 생각보다 많은 것들을 물만으로 깨끗이 닦아낼 수 있습니다. 샤워 용품을 활용해서 살짝살짝 닦아보는 것도 좋겠지요.

욕실에서도 '딱 한 곳만 깨끗하게' 유지하는 방법을 응용할 수 있습니다. 특히 언제나 깨끗이 해두면 좋은 것이 '거울'입니다. 거울에서 뿌옇게 낀 때만 사라져도 욕실 전체가 훨씬 말끔해 보입니다.

거울을 닦아낸 다음에는 '꺼내기-닦기-제자리에 넣기'를 해볼까요? 가장 먼저 욕실에 놓인 샴푸, 린스, 바디샴푸, 바가지, 세면기, 의자, 욕조 덮개 등을 다른 곳으로 옮겨둡니다.

그다음에 원래 놓여 있던 곳을 스펀지 등을 활용해 물로 헹구어내고, 샴푸, 린스 등의 용기에 낀 때도 씻어냅니다. 샴푸와 같은 액상 세제는 내용물이 흘러나오기 쉽고, 세면기, 의자, 욕조 덮개 등에는 물때가 끼기 쉽지요. 물로 씻어내면 쉽게 닦아낼 수 있습니다. 마지막으로 다 닦은 용품들을 다시 원래 있던 자리로 가져다놓으면 됩니다.

두 달에 한 번 정도는 천장도 닦아주는 것이 좋습니다. 손이 닿지 않는다면 바닥이 미끄럽지 않은지 확인한 후 목욕탕 의자를 딛고 올라가 닦거나, 저가 잡화점에서 파는 기다란 손잡이가 달린 걸레 따위로 닦을 수 있습니다. 욕조에 들어가 있을 때 슥슥 닦으면 천장에서 물이 뚝뚝 떨어져도 걱정 없겠지요.

평소 샤워기만 사용하더라도 욕실을 쓸 때 욕조는 물론 다른 물건들을 의식하며 씻도록 합시다. 여기에서도 꼭 기억해야 할 것이 있습니다. 청소 전에 "싹 치워버리자!" 하고 굳게 마음을 먹지 않는 것입니다.

목욕 중에 가볍게 해도 괜찮으니 매일매일, 대강 슥 슥 하는 습관을 만들어보는 것이지요. 깨끗한 상태가 정착되면 덤으로 의욕도 함께 오르기 시작할 겁니다.

고지식한 생각보다는 유연한 감각으로

이제 샤워하기 전, 샤워기 물이 충분히 뜨거워질 때까지 기다리는 동안 물때가 끼거나 지저분한 곳을 찾아보는 건 어떨까요? 살짝 게임이라도 하는 기분으로 말이지요. 예를 들어 뿌예진 거울은 몸을 씻은 다음 아직 거품이 남아 있는 타월로 닦고 그대로 샤워기 물을 뿌려 헹궈내면 끝입니다.

청소용 세제는 욕조용, 거울용, 바닥용 등 공간별, 용도별로 여러 가지가 나와 있는데, 이것을 엄밀하게 구별해서 몇 개씩 전부 사 모을 필요는 없습니다. 게다가 애초에 날마다 가볍게 닦다 보면 물로 씻어내는 정도로 말끔하게 마무리되므로 세제 자체가 필요하지 않을 수도 있습니다.

'거울에는 꼭 거울용 세제를 써야 한다' 같은 고지식한 생각은 접어둡시다. 우리의 본래 목적은 욕실을 깨끗이 만드는 것이므로 깨끗해지기만 한다면 뭐든지 상관없다는 유연한 감각을 갖는 것이 무척 중요합니다.

힘들지 않은 정리 Tip

〈욕실〉

딱 한 곳만 깨끗하게!
거울 : 물방울이 맺히거나 뿌예진 부분을 말끔히 닦아낸다.

이것만은 하자!
목욕하는 김에 욕조와 욕실 바닥을 물로 씻어낸다.

나 자신을
마주 보고 싶다면
세면대를 정리한다

　얼굴을 씻는 공간에서는 무엇보다 거울을 깨끗이 닦는 것이 중요합니다. 표정이나 피부의 윤기, 눈의 총기가 보다 맑게 보이도록 하는 것이지요. 즉 자신의 '현재 상태'를 정확히 알 수 있어야 합니다.

　세면대에서 깨끗이 유지해야 할 곳을 딱 한 군데 고른다면 욕실과 마찬가지로 '거울'입니다.(일본은 욕실과 세면 공간, 다음 장에서 등장하는 화장실이 각각 분리된 공간에 위치한 경우가 많아, 이 책에서도 별도로 정리법을 소개한다. – 옮긴이 주) 거울만 깨끗하게 관리해도 주변 공간까지 한결 말끔해 보입니다. 거울을 잘 보면 작은 물방울이나 치약이 튄 자국, 먼지 등이 붙어 있지요? 그것들을 마른 걸레나 화장지 등을 이용해 가볍게 문질러 닦아내면 됩니다.

마음이 개운치 않을 때 정리하면 좋은 곳

'꺼내기-닦기-제자리에 넣기'를 따라서 정리하는 과정도 중요합니다. 우선 밖에 나와 있는 칫솔, 치약, 비누 받침, 물컵 등을 다른 곳으로 옮겨둡니다. 그다음에 물건들이 놓여 있던 곳을 닦습니다. 선반 뒤편이나 컵이 놓여 있던 바닥 등에는 거뭇거뭇하거나 불그스름한 물때가 묻어 있기 쉬우므로 마른 헝겊으로 닦아줍시다.

물에 가볍게 적신 스펀지로 세면대를 닦아주고, 세면대 주변과 수도꼭지도 물방울 자국이나 먼지가 남아 있지 않도록 가볍게 닦습니다. 비누 받침 등도 지저분해지기 쉬우므로 물로 씻어 지저분한 때를 닦아낸 다음 헝겊으로 마른걸레질을 해주면 좋습니다.

세면대 앞에 섰을 때 '좀 지저분해지기 시작했네', '뭔가 개운치 못한데?' 싶다면 찬장 안에 수납되어 있던 것들을 꺼내 '꺼내기-닦기-제자리에 넣기' 3단계를 시도해보세요.

예를 들면 찬장에서 세면도구나 화장품 등을 전부 꺼내는 것이지요. 그리고 수납장 선반을 물걸레질, 마른걸레질 순서로 닦아 먼지를 제거합니다. 세면용품이나 화장품에서 흘러나온 액체가 선반에 묻어 얼룩이 지는 경우도 많으니 잘 닦아내야 합니다.

이어서 수납장 안에 들어 있던 물건들을 하나씩 닦습니다. 마지막으로 닦은 물건들을 다시 원래 자리에 넣습니다. 자주 쓰는 물건부터 순서대로 눈에 잘 띄는 곳에 놓는 것이 좋습니다. 크기나 길이가 비슷한 것들끼리 모아서 넣으면 깔끔하게 정리됩니다.

한 달에 한 번 정도는 천장도 살펴보아야 합니다. 때가 탄 것 같아 보이면 마른걸레질을 해보거나, 손이 닿지 않는다면 기다란 손잡이가 달린 대걸레나 저가 잡화점에서 파는 청소 도구를 이용해 가볍게 닦아주는 것이 좋습니다.

나의 하루를 응원하는 시간 갖기

세면대 주변을 깨끗하게 치우면 침착한 마음으로 나 자신을 마주할 수 있습니다. 그 전까지 분주하게 맞이했던 15분간의 아침 시간이 마음을 가다듬는 15분으로 바뀌는 것이지요. 아침에는 거울을 마주하고 '나의 맨얼굴'을 똑똑히 바라보세요. 그리고 매일매일 열심히 살고 있는 나 스스로를 격려해주면 어떨까요?

세면대가 정리되면 자연히 아침마다 준비하는 시간도 즐거워집니다. 그 전까지 마지못해 대충대충 준비했을 때와 다르게 기분이 새로워지는 것을 실감할 수 있을 겁니다. 또 아침마다 허둥지둥 집을 뛰쳐나가기보다 안정된 기분으로 스스로를 가다듬고 긍정적인 마음 상태를 가져갈 수 있습니다.

"오늘 난 아주 훌륭해! 뭐든 열심히 할 수 있어!" 이렇게 100퍼센트 충전된, 자신감 넘치는 상태로 하루를 시작할 수 있는 겁니다. 좋은 상태로 집을 나서면 밖에 나가서도 이 상태를 그대로 유지할 수 있습니다. 최종적으로 "오늘 하루도 아주 멋졌어!"라는 기분으로 일과를 마무리할 수 있지요.

아침에 바쁘게 준비하다 보면 '눈썹 정리를 더 하고 싶지만, 시간도 없는데 이거면 됐지 뭐' 하는 마음으로 얼굴을 꼼꼼히 확인하지 못하고 외출할 때도 많습니다.

그렇게 급히 외출하고 난 후 타인의 시선 앞에서 자신감을 잃고 '급하게 나오느라 눈썹을 반밖에 못 그린 것 같은데……? 양쪽 모양이 다른 거 아니야?' 하며 당황한 적이 종종 있었을지 모릅니다.

하지만 시간을 들여서 침착하게 거울을 보며 준비를 마치고 스스로 "좋아! 이거면 충분해!"라고 만족했다면 누구를 만나도 부끄러워할 일이 없지요. 타인 앞에서도 당당하고 자신감 넘치는 태도로 행동할 수 있습니다.

이처럼 일상 속에서 사소하지만 긍정적인 기분들이 차곡차곡 쌓이다 보면 '나는 할 수 있어!'라는 자신감으로 이어집니다. 그것이 결국 '내가 하는 일은 잘될 것이다'라는 생각을 갖도록 만들어주지요.

힘들지 않은 정리 Tip

〈세면 공간〉
딱 한 곳만 깨끗하게!
거울 : 표면에 묻은 물방울이나 때는 바로바로 닦아준다.

이것만은 하자!
매일 아침 자신의 맨얼굴을 보며 "언제나 열심히 잘하고 있어", "넌 멋진 사람이야"와 같이 스스로를 응원하는 말을 걸어준다.

화장실 청소의
핵심
포인트

만약 '관계를 맺는 방식을 개선하고 싶다'라는 바람
이 있다면 화장실을 직접 깨끗이 치워보기를 권합니다.
화장실은 인간의 '노폐물', '불필요한 것'을 흘려보내는
곳이지요? 그래서인지 더러운 공간의 상징처럼 떠올리
는 경우도 적지 않습니다.

이렇게 가장 더러운 곳부터 깨끗이 만들겠노라 마음
먹으면, 이기주의적인 발상이 조금씩 떨어져나가게 됩
니다. '에고(ego)의 표출이 잦아든다'고 표현할 수도 있
습니다.

화장실을 깨끗이 치우는 것을 습관화하면서 마음의 '그릇'이 커

지는 사람들도 많습니다. 더러운 것마저도 피하지 않고 받아들이는 자세를 가져야 타인과의 관계에서도 관용을 베풀 수 있는 것인지 모릅니다. 그 여유가 상대방과 좋은 관계를 구축하는 결과로 이어지는 것이지요.

더러운 것까지도 받아들이는 여유를 발휘한다

화장실 청소의 핵심은 사실 변기 '바깥쪽'입니다. 보통 변기 안쪽을 주목하기 쉬운데, 변기 바깥에도 때가 잘 묻습니다. 여기 한 곳만이라도 깨끗하게 유지해야 한다니, 의외라고 느낄 수도 있겠지요. 하지만 저는 화장실에서 단 한 군데만 청소해야 한다면 변기 '바깥쪽'을 추천합니다.

변기를 감싸 안듯이 천으로 부드럽게 문질러주면, 아주 포근한 기분이 듭니다. 청소를 마칠 즈음에는 변기가 사랑스러워 보이기까지 하지요.

변기 바깥쪽 다음으로 안쪽을 물로 씻고, 화장실 바닥을 닦습니다. 이어서 휴지걸이와 선반, 세면대 주변과 안쪽까지 마른걸레질을 해주면 완벽합니다. 또 평소에도 화장실을 사용한 뒤에 화장실 휴지로 변기 주변을 닦는 습관을 들이면 나중에 청소하기가 더욱 편해집니다.

화장실에 걸려 있는 장식품과 수납된 물건들은 '꺼내기-닦기-제자리에 넣기' 3단계를 통해 정리합니다. 변기 솔이나 세제, 여분의 두루마리 휴지, 방향제, 화장실 장식물 등은 일단 다른 곳으로 이동시킵니다.

이어서 그것들을 놓았던 자리를 물걸레질 후 마른걸레질 순서로 닦습니다. 세면대와 그 주변은 물이 튄 흔적이나 물때로 지저분해지기 쉬우니 제대로 물기를 제거한 다음 싹 닦아내야 합니다. 그다음에는 장식품, 변기 솔, 방향제, 세제 등에 묻은 먼지와 때를 가볍게 털어내면 됩니다. 생각 외로 먼지가 쌓이기 쉬운 물건들이니 꼼꼼히 살펴봅시다.

마지막으로 먼지를 제거한 물건들을 원래 있던 자리로 돌려보냅니다. 이때 '두루마리 휴지 여분을 더 갖다 놓을 때가 됐네', '세제 거의 다 써가는구나' 같이 자잘한 것들을 확인할 수 있습니다.

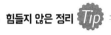

〈화장실〉

딱 한 곳만 깨끗하게!

변기 바깥쪽 : 감싸 안듯이 부드럽게 닦아준다.

이것만은 하자!

사용할 때마다 변기 주변을 휴지로 닦아준다.

부엌을
잘 정리하면
인간관계가 달라진다

부엌은 인간관계나 타인과의 의사소통과 관계된 면이 있습니다. '좋은 사람을 만나기 힘들다', '좀처럼 결혼하기가 힘들다', '부부 사이가 미적지근하다' 같은 고민을 품은 사람들에게 저는 부엌을 먼저 정리해볼 것을 권하는 편입니다.

좋은 인간관계를 구축하고 싶다면 식생활의 바탕이 되는 부엌 환경을 정돈해두는 일이 대단히 중요하기 때문입니다.

부엌 정리는 아이디어를 정리하는 일로도 이어집니다. 재료를 정리하는 과정을 예로 들어본다면 '이 재료를 이렇게 조리하면 어떻게 될까?' 혹은 '이 요리에 이

조미료를 더하면 맛이 살짝 달라지겠지?' 하고 생각하면서 발상이 한층 자유로워질 수 있는 것이지요.

맛있는 요리를 만들 수 있는 공간으로

부엌을 정돈하면서 대화가 늘어나게 된 가족도 많습니다. 깔끔한 부엌은 가족들이 모여서 음식을 주제로 자연스럽게 대화를 시작하기 쉽게 만들기 때문이지요. 만약 지금 '요즘 부쩍 가족끼리 대화가 없었네', '아무리 가족이지만 대체 무슨 생각을 하는 건지 모르겠어' 싶은 상태라면 부엌을 정리해보기를 추천합니다.

부엌은 원래 요리를 하는 공간이니 단순히 '부엌을 정리하자'라는 말은 동기 부여에 큰 도움을 주지 않습니다. 그보다는 요리를 하고 싶어지는 공간으로 만드는 것이 중요하지요. '맛있는 요리를 만들 수 있는 환경으로 정리하자'라는 생각이 필요합니다.

자, 부엌에서도 어딘가 한 곳을 정해 깨끗이 유지해보기로 합시다. 싱크대처럼 물을 쓰는 곳 주변을 깨끗이 유지하면 부엌 전체가 비교적 말끔해 보입니다. 수도꼭지를 닦으면 청결도 보다 높아집니다.

다음으로 '꺼내기-닦기-제자리에 넣기' 단계를 따라서 싱크대 주변을 깨끗이 만들어볼 수 있습니다. 식기 설거지를 마친 후 싱크대 주변에 놓은 세제, 건조대, 음식물 쓰레기통 따위를 일단 다른 곳으로 이동해둡니다.

그리고 물건들이 놓여 있던 자리를 닦습니다. 물건들 뒤로 숨어 있던 자잘한 쓰레기나 먼지, 때가 나올지도 모릅니다. 싱크대 주변에는 물방울들이 여기저기 튀기 쉬우니 마른 천이나 스펀지 등으로 닦으면 좋습니다. 천으로 살짝살짝 훔치기만 해도 한결 더 반짝거리게 될 겁니다.

가스레인지 주변에는 자잘한 기름때나 얼룩이 묻기 쉬운데, 들러붙기 전에 자주자주 닦아두면 찌든 때가 줄어들어 나중에도 편합니다. 수도꼭지 따위에도 물방울이 튀었던 흔적이 많이 남으니 마른행주질을 해두면 깔끔해집니다.

그다음에는 잠시 다른 곳으로 옮겨두었던 물건들마다 묻은 때를 반짝반짝하게 닦아내면 됩니다. 액체가 흐르다 굳은 흔적이 많이 남은 세제 통은 문질러 닦기만 해도 말끔해집니다. 물때도 물로 깔끔하게 씻어줍니다. 음식물 쓰레기통을 비우고, 배수구에 쌓인 찌꺼기 등도 깨끗이 치웁니다. 다 쓴 칫솔 등으로 닦아주면 거뭇거뭇한 물때도 잘 떨어집니다. 이 물건들을 다시 원래 자리에 놓으면 정리도 끝납니다.

제때 정리하면 청소할 거리가 줄어든다

부엌에서는 사용한 물건을 되도록 빨리 정리하는 것이 기본입니다. 조리가 끝나고 식사를 시작하기 전 짧은 시간 동안에 사용한 프라이팬과 냄비, 그릇 등은 싱크대에 놓은 다음 싹 씻어둡니다. 사용한 도구는 다시 원래 자리로 돌려보내기, 재료가 들어 있던 빈 포장 용기 버리기 등은 식사를 시작하기 전에 제꺽제꺽 해두는 것이 좋습니다. 또 요리할 때 기름을 썼다면 기름때가 들러붙지 않도록 물에 담가 표면을 씻어두기만 해도 뒷정리가 한결 쉬워집니다.

가족 간에도 '식사 전에 여기까지는 정리해두자' 이야기하고 규칙을 정해두면 좋습니다. 가족들이 의식하지 못하더라도, 그 규칙이 정착되는 사이에 점차 깨끗해져갈 겁니다.

우리 집에서는 그 규칙이 지나치게 습관화된 나머지 아직 제가 느긋하게 식사를 하고 있는데도 눈 깜짝할 사이에 다 먹지도 않은 접시가 치워지거나, 저도 모르게 젓가락이 벌써 설거지통에 들어가 있는 일도 있습니다. 사실 이렇게까지 하는 건 좀 과하지요.

부엌 정리를 위해서 가족끼리 규칙을 정해도 좋고, 나만의 규칙을 정해두는 것도 좋습니다. 여러 가지 규칙을 만들어서 인식해가는 일이 중요합니다. 머릿속에 담아두어도 좋지만 잊어버릴 것 같다면 메모해서 눈에 잘 띄는 곳에 붙여두면 좋습니다. 매일 같은 메모를 보다 보면 더 쉽고 자연스럽게 습관이 몸에 익을 겁니다.

시간 여유가 된다면 부엌 수납장도 '꺼내기-닦기-제자리에 넣기'에 따라 정리합시다. 기름, 간장, 식초와 같은 조미료 통, 그릇, 식칼, 냄비와 같은 조리 기구들을 전부 꺼내서 다른 곳으로 옮겨둡시다. 그다음 원래 놓여 있던 자리를 물행주질하고 이어서 마른행주질합니다. 기름이나 간장, 설탕과 같은 조미료가 흘러서 선반에 끈적끈적하게 묻는 경우도 많으니 물행주질은 꼼꼼히 하는 것이 좋습니다.

그다음으로 수납되어 있던 물건들을 하나씩 닦아갑니다. 간장 같은 조미료는 액체가 병에서 넘쳐흐르기도 하니 주의 깊게 살펴봐야 합니다.

마지막으로 잘 쓰는 물건부터 차례대로 다시 넣습니다. 비슷한 모양의 물건들을 함께 두거나, 높이가 같은 물건들을 나열해두면 깔끔해 보여 좋습니다.

힘들지 않은 정리 Tip

〈부엌〉

딱 한 곳만 깨끗하게!
싱크대 주변 : 여기저기 튄 물방울이나 자잘한 쓰레기는 보는 대로 닦고 치운다.

이것만은 하자!
사용한 프라이팬, 냄비 따위는 식사를 시작하기 전에 가볍게 물로 헹구어둔다.

부엌은 인간관계나

타인과의 의사소통과 관계된 면이 있습니다.

'좋은 사람을 만나기 힘들다', '부부 사이가 미적지근하다'

같은 고민을 품은 사람들에게

저는 부엌을 먼저 정리해볼 것을 권하는 편입니다.

좋은 인간관계를 구축하고 싶다면 식생활의 바탕이 되는

부엌 환경을 정돈해두는 일이 중요하기 때문입니다.

낭비 습관을
줄여주는
냉장고 정리법

부엌에서도 특히 냉장고는 정기적으로 그 안의 물건을 확인하기를 권합니다. 저는 냉장고 속 내용물을 전부 꺼낸 다음 우선 냉장고 안을 닦고, 그다음에 들어 있던 물건을 하나하나 닦으면서 '유통기한이 지나서 필요 없는 것', '더 이상 안 쓰는 것' 등으로 분류합니다.

이렇게 정기적으로 냉장고 안을 정리하다 보면 쓸모없는 물건을 사는 일이 줄어듭니다.

냉장고에 마냥 넣어두고만 있으면, 집에 있는 걸 잊어버리고 똑같은 걸 또 사거나 싸게 할인한다는 이유로 아무 생각 없이 샀다가 결국 먹지 않고 버리는 것들이

나오기 쉽습니다. 그런 낭비를 줄이기 위해서라도 정기

적인 냉장고 속 점검은 꼭 필요하지요.

〈냉장고〉

딱 한 곳만 깨끗하게!
냉장고 문 : 자주 만지는 곳인 만큼 반짝반짝하게 닦아둔다.

이것만은 하자!
정기적으로 음식물을 꺼내서 유통기한을 확인한다.

정돈된 식탁이
대화의 장을
열어준다

탁자를 두는 식당이나 거실은 식사를 하는 곳이자 대화의 장을 열어주는 자리입니다. 그만큼 가족 구성원이 모두 모이기 좋은 환경을 만들어두는 것이 좋습니다.

식탁 위에 물건들이 어지럽게 널려 있으면 가족이나 소중한 사람과 함께 식사할 기회가 줄어듭니다. 지저분한 식탁에는 자연히 다가가지 않기 때문이지요. 각자 집 안 다른 곳에서 먹거나 외식을 하면서 모일 기회가 줄어들고, 결과적으로 가족이나 소중한 사람과 마음을 나눌 기회를 잃어버리기 쉽습니다.

그렇다면 식탁만이라도 깨끗이 정리하여 언제든지 구성원 모두가 둘러앉을 수 있는 상태를 만들면 어떨까요? 사람은 깨끗한 곳에 모이기 때문에 결과적으로 모두가 하나의 식탁을 둘러싸고 앉을 것이며, 자연스럽게 대화가 늘어날 수 있습니다.

식탁은 '식(食)'을 즐기는 자리이자 대화와 소통이 시작되는 자리라는 의식을 갖는 것이 중요합니다.

'식탁 위'를 비워두어 소통의 여유를 남긴다

특히 '식탁 위'만큼은 깨끗하게 유지할 것을 권합니다. 식탁 위에는 무심코 물건을 올려두기 쉽습니다. 지금 여러분의 식탁 위에도 이런저런 물건이 올라가 있지 않습니까? 우편물 더미, 서류, 영수증, 조미료, 심지어 화장품까지……. 이 물건들을 '꺼내기-닦기-제자리에 넣기'로 정리해보면 어떨까요?

우선은 식탁에 있는 물건들을 전부 다른 곳으로 옮겨둡니다. 식탁 위에 아무것도 올라가 있지 않은 상태에서 식탁 위, 여력이 있다면 식탁 다리까지 헝겊으로 물걸레질을 해줍니다.

의자에도 지저분한 때가 묻는 일이 많으니 앉는 면과 다리까지 물걸레질해주면 좋습니다. 이어서 식탁 위에 올려두었던 물건마다 묻은 먼지와 때를 가볍게 닦아냅니다. 여력이 있다면 그 물건들이 원래 있어야 할 곳으로 돌려보내야 합니다. 시간과 기력이 모자란다면 일단 둘 곳을 정해서 모아두어도 괜찮습니다.

식탁 위에는 기본적으로 물건을 두지 않는 것이 가장 좋습니다. 두더라도 꽃을 장식하는 정도만 해두면 깔끔해 보이겠지요. 식탁 주변의 식기 선반과 장식장에도 먼지가 쌓이기 쉽습니다. 헝겊으로 마른걸레질을 해두면 보다 청결해집니다.

또 시간이 있다면 식기 선반, 식료품을 보관하는 다용도실 등에서 '꺼내기-닦기-제자리에 넣기' 정리를 합시다. 식기 선반에 놓았던 접시나 유리잔, 컵, 그리고 다용도실에 수납해두었던 식료품을 전부 다른 곳으로 옮겨놓습니다.

그다음, 수납 선반을 물걸레질, 마른걸레질 순서로 깨끗이 닦습니다. 의외로 자잘한 먼지나 쓰레기가 떨어져 있는 일이 많으므로 주의 깊게 살펴봅시다.

그다음에 접시나 유리잔, 컵, 식료품 등 수납해두었던 것들의 표면에 묻은 때를 가볍게 닦습니다. 마지막으로 평소에 잘 쓰는 물건부터 순서대로 다시 제자리에 넣습니다.

힘들지 않은 정리 Tip

〈식사 공간〉

딱 한 곳만 깨끗하게!
식탁 위 : 얼룩, 때를 말끔히 닦아낸다.

이것만은 하자!
사용을 마친 식탁 위에 물건을 두지 않는다.

우편물이 귀찮다면
일단 쌓아두어도
괜찮다

    우편물이 오면 일단 탁자 위에 올려놓는 경우가 많습니다. 그러다 보면 어느새 계속 쌓이고 쌓여 탁자뿐만 아니라 집 안 전체를 어지럽히는 원인이 되기 쉽지요. 저도 정리 레슨을 위해 의뢰인의 집을 살펴볼 때 꼭 우편물이 정신없이 쌓여 있지 않은지를 체크합니다.

    우선 우편물을 넣을 상자를 두 개 준비합니다. 앞서 마음 놓고 어지럽혀도 되는 '안심 공간'을 만들었지요. 우편물을 정리할 때도 이를 응용해볼 수 있습니다.

'안심 상자' VS. '보관 상자'

한 상자는 '마음 놓고 일시적으로 우편물을 넣어두는 상자(이하 안심 상자)'로 정합니다. 마케팅 편지나 광고지라도 일단 우편함에 들어 있었다면 '안심 상자'에 넣습니다. 물론 이 단계에서 아무리 생각해도 필요 없다고 여겨진다면 쓰레기통에 버려도 괜찮습니다.

일주일에 한 번은 정기적으로 '꺼내기-닦기-제자리에 넣기' 방법을 이용해 우편물들을 정리합니다. 먼저 '안심 상자'에 넣었던 우편물을 전부 꺼냅니다. 그다음 상자의 겉과 안, 바닥을 전부 가볍게 닦아내고, 그 안에 넣어둔 우편물들이 필요한 것인지 아닌지를 선별해갑니다. 그리고 필요한 우편물만 따로 준비해둔 '보관 상자' 속으로 다시 넣습니다.

'안심 상자'에 넣는 것이 습관화되면 우편물을 탁자나 바닥에 아무렇게나 놓지 않기 때문에 결과적으로 집 안이 지저분해지는 일을 막을 수 있습니다. 동시에 필요한 우편물을 확실히 보관할 수 있지요.

또한 우편함에서 꺼내오는 단계에서 광고지나 마케팅 편지처럼 불필요한 것들은 즉시 쓰레기통에 넣는 습관이 완성되면 애초에 정리할 필요가 줄어듭니다. 집은 더더욱 깔끔해질 테고요.

— 힘들지 않은 정리

〈우편물 정리〉

딱 한 곳만 깨끗하게!
우편함 : 우편물은 반드시 '안심 상자'로 직행!

이것만은 하자!
불필요한 광고 우편물은 쌓아두지 말고 즉시 쓰레기통에 버린다.

옷장을 정리하면
어떤 옷을 입고 싶은지
알 수 있다

옷장은 '내가 외부에 보이고 싶은 진짜 모습은 무엇인가', '나는 나를 어떻게 연출하고 싶어 하는가?'를 한눈에 알 수 있는 공간입니다.

'평소 나는 어떤 색을 잘 입는가?', '귀여운 느낌, 시크한 느낌, 도시적인 느낌 등 어떤 분위기의 옷을 많이 가지고 있는가?' 등을 객관적으로 살펴보고 싶다면 방법이 있습니다. 다른 공간을 정리할 때처럼 '꺼내기-닦기-제자리에 넣기' 3단계를 활용해보는 것이지요.

먼저 옷장에 들어 있는 것을 전부 꺼냅니다. 옷은 옷걸이째로 꺼내서 겹쳐두고, 서랍에 넣어놓은 옷들 중에 개킬 수 있는 것은 개켜가며 차곡차곡 쌓아갑시다. 그 다음 바지, 치마, 티셔츠, 스웨터 등으로 미리 종류에 따라 분류해둡니다.

옷장 선반, 행거 옷걸이, 바닥 등을 닦고 내가 좋아하는 옷부터 입구에 가까운 순서대로, 잘 보이는 곳에 다시 걸어둡니다. 좋아하는 옷부터 넣다 보면 '지금 내가 이 옷을 좋아하는구나', '이런 이미지가 되고 싶었구나' 하는 것을 자연스럽게 파악할 수 있습니다.

그리고 마지막까지 옷장에 돌려보내지 않은 옷들을 보면 '나는 이 옷을 별로 필요로 하지 않는구나'를 깨닫게 됩니다. 깔끔하게 정리된 옷장에 다시 넣고 싶지 않은 옷들은 놓아주어도 괜찮습니다.

이제부터는 '입기 편한 옷'이 아니라, '입고 싶은 옷'을 입어보면 어떨까요? 옷장을 정리하면 어떤 옷을 입고 싶은지 쉽게 알 수 있습니다.

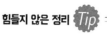

〈옷장〉

딱 한 곳만 깨끗하게!
선반 : 가장 잘 쓰는 칸은 늘 깔끔하게 정리한다.

이것만은 하자!
옷을 다시 넣을 때는 좋아하는 옷부터 차례대로 걸어둔다.

책장을 보면
나의 욕구가
보인다

　책장 안에 꽂힌 책들의 주제나 분야를 보면 책장의 주인이 무엇을 바라는지 알 수 있는 경우가 많습니다. 예를 들어 '연애하고 싶다'라는 마음이 있다면 필연적으로 이런저런 연애 지침서가 꽂혀 있을 테고, 다이어트나 자기 관리에 관심이 있다면 다이어트에 관련된 건강 실용서나 멋진 모델들의 사진이 실린 잡지 등이 많겠지요. '정리를 잘하고 싶다!'라는 생각을 한다면 책장에도 정리에 관련된 책이 많을 겁니다.

　사람은 자신에게 부족한 것을 보충하고자 책을 구입하는 경향이 있습니다. 그러다 보면 자기도 모르는 사이에 한 권 두

권 늘어나게 마련이지요. 문득 책장을 보니 책들이 층 층이 마구잡이로 꽂혀 있어 놀란 적이 없나요? 그렇게 되면 좋아하는 책을 다시 한번 읽고 싶다가도 찾을 수 가 없어서 포기하는 일이 생길지도 모릅니다.

매 순간 '나에게 더 필요한가'를 물어본다

책장 역시 '꺼내기-닦기-제자리에 넣기'를 통해 정 리해봅시다. 시간을 내서 책장에서 책들을 전부 다 꺼 냅니다. 주제나 분야별로 분류해서 쌓아두면 좋습니다. 이때 명백하게 '더 이상 갖고 있을 필요가 없다' 싶은 책이 있다면 한구석에 치워둡시다. 작업이 한결 편해질 겁니다.

다음은 책장을 닦을 차례입니다. 우선은 물걸레질로 부드럽게, 구석구석 정성껏 때를 닦습니다. 그다음은 책을 닦습니다. 마른 헝겊으로 표지, 뒤표지, 책등, 책의 위아래까지 부드럽게 닦으며 먼지를 제거해주어야 합 니다. 이때도 더 이상 필요 없다는 확신이 드는 책이 있 다면 한구석에 모아둡시다.

마무리는 책장에 다시 책을 꽂아 넣는 작업입니다.

좋아하는 책 중에서 한 권을 꺼내서 눈에 잘 띄는 곳에 꽂아 넣어도 좋습니다. 보이는 것을 중시하는 편이라면 같은 크기의 책들을 나란히 꽂거나 소설, 실용서, 만화, 잡지 등 분야별로 정리해서 한데 꽂아두는 것도 좋겠지요. 이때도 책장에 다시 넣을 마음이 안 든다면 한구석에 치워두세요.

마지막으로 한구석에 모아두었던 책들을 한 덩이로 묶어 정리합니다. 처분하는 것도 좋지만 요즘엔 인터넷 서점 등에서 중고 책을 사들이는 서비스도 하고 있으니 이용해보는 것도 괜찮은 방법입니다.

힘들지 않은 정리 *Tip*

〈책장〉
딱 한 곳만 깨끗하게!
책장 첫 번째 칸 : 좋아하는 책들을 나란히 꽂아둔다.

이것만은 하자!
정기적으로 책들을 꺼내 좋아하는 책부터 다시 꽂아둔다.

바닥이 반짝반짝하면
좋은 집에 사는
느낌이 든다

저는 정리 레슨을 하는 모든 의뢰인에게 바닥 걸레질을 추천합니다. 집에서 바닥은 '생활의 토대'이기 때문이지요.

바닥을 깨끗이 닦는 일이 습관이 되면 상태가 좋은 집에서 사는 기분을 누릴 수 있습니다. 게다가 집 안의 청결 상태가 생생하게 피부로 느껴지기도 하지요. 이렇게 중요한 바닥 걸레질을 더 잘할 수 있는 요령이 있습니다.

먼저 걸레로 쓸 헝겊 두 장을 준비합니다. 한 장은 마른걸레용, 다른 한 장은 물걸레용입니다. 사이즈는 A4용지의 반 정도 되는 크기, 손에 딱 잡히는 사이즈가 좋습니다. 그보다 크다면 한두 번 접어서 사용합니다.

오래된 수건을 활용하는 것도 좋습니다. 목욕용 타월만 한 큰 사이즈라면 잘라서 쓰는 것도 좋겠지요. 기본적으로 새로 사지 말고 있던 것을 활용하기를 추천합니다. 어느 정도 쓰다가 너덜너덜해지면 버리고 다른 낡은 수건을 같은 방법으로 재활용합니다. 자세한 바닥걸레질 방법은 다음과 같습니다.

① 물걸레용 헝겊을 물에 적셔 촉촉해질 정도까지 꽉 짭니다. 헝겊을 손바닥이 다 들어갈 정도의 크기로 한 번, 두 번 정도 접어줍니다.

② 오른손에 물걸레, 왼손에 마른걸레를 잡습니다. 바닥에 무릎을 대고 먼저 오른손에 든 물걸레로 바닥을 닦고, 그다음 왼손으로 마른걸레질을 합니다. 이렇게 조금씩 나아가며 바닥을 닦아냅니다.

걸레질을 할 때 한 가지 요령이 있습니다. 얼굴을 되도록 바닥에 가깝게 두고 바닥을 자세히 보면서 닦는 것입니다. 바닥으로부터 30센티미터 정도 되는 거리가 딱 좋습니다.

넓은 범위를 단번에 닦으려 하지 말고 좁은 범위부터 시작하세요. 바닥을 살펴보면서 조금씩 닦는 범위를 넓혀가야 합니다. 이렇게 걸레질을 하다 보면 손과 같은 크기의 천으로 닦기 때문에 손에 걸레가 딱 붙어서 마치 내 손으로 직접 닦는 듯한 일체감이 들기도 하지요.

바닥을 조금씩 닦으면서 구석구석 찬찬히 살펴보고, 얼마나 깨끗해졌는지를 절절히 느끼는 일은 아주 즐겁습니다.

바닥은 닦으면 닦는 만큼 그 정성에 답하며 반짝반짝 빛이 납니다. 그리고 당신에게도 그 반짝임을 전해주지요.

① 걸레를 짠 다음 손바닥 사이즈로 접습니다.

② 오른손에 물걸레, 왼손에 마른걸레를 들고 번갈아가며 닦습니다.

물건을
어루만지며
닦을 때의 감각

되도록 맨손으로 걸레를 들고 닦기를 추천하는 데는 한 가지 이유가 더 있습니다. 내 손으로 직접 바닥이나 물건을 닦아야 피부 감각을 통해 '닦은 물건을 소중히 여기자'라는 마음이 솟아나기 때문입니다.

한 텔레비전 프로그램에서 어느 뇌과학자가 말하기를, "피부는 뇌가 분화해서 표면에 드러난 것"이라고 합니다. 피부에 직접 닿은 것은 뇌에 곧바로 자극을 주거나 심상으로 전해진다는 것입니다. 이로써 피부로 만진 것은 마치 '나의 일부'가 되는 듯한 감각이 생긴다고 합니다.

미국 메이저리그에서 활약 중인 야구 선수 이치로는 자신의 배트와 글러브를 직접 정성껏 닦는다고 합니다. 앞서 이야기한 뇌과학자는 이것이 그의 활약을 돕는 요소 중 하나라고 설명합니다. 배트와 글러브를 직접 닦아 '나 자신의 일부'로 만드는 것이지요.

피부와의 접촉을 통해 물건에까지 감각이 통한다는 겁니다. 뇌과학자는 이런 이유 덕분에 이치로 선수가 배트와 글러브 모두 마치 자기 몸처럼 자유롭게 움직이는 것이 아니겠느냐는 분석을 내놓았습니다.

한 기업에서는 직원들이 맨손으로 걸레질을 한다고 합니다. 이것도 아마 같은 이유일 겁니다. 이런 행위를 통해서 회사의 물건들을 소중히 여기다 보면 자연스레 회사에 대한 친밀감이 생겨날 수 있겠지요. 직원들 사이에서도 연대감이 생길 수 있습니다.

이처럼 맨손으로 물건을 만지는 일에는 엄청난 효과가 있습니다. 물건과 물건이 있는 장소를 소중하게 여기는 마음을 심어주니까요. 비단 회사에만 해당되는 이야기는 아니겠지요?

어느 뇌과학자가 말하기를,

"피부는 뇌가 분화해서 표면에 드러난 것"이라고 합니다.

피부에 직접 닿은 것은

뇌에 곧바로 자극을 주거나 심상으로 전해진다는 것입니다.

이로써 피부로 만진 것은 마치 '나의 일부'가 되는 듯한 감각

이 생긴다고 합니다.

청소에
도움을 주는
편리한 두 가지 도구

마지막으로 우리 주변의 친숙한 물건들 중에서 청소에 도움을 주는 편리한 도구를 두 가지 소개하고자 합니다.

저는 평소에 특별한 청소 도구를 사용하지 않습니다. 청소할 때는 집에 있는 물건을 쓰면 됩니다. 집에 아무것도 없다면 '맨손'으로도 충분하지요. 다만 '의외로 편리하네' 싶은 것들이 있습니다. 모두 따로 돈을 들일 필요가 없이 활용할 수 있는 것들이어서 지갑을 생각해도 좋은 일이지요.

다 쓴 칫솔

다 쓴 칫솔은 아주 훌륭한 청소 도구가 됩니다. 싱크대나 가스레인지 구석구석, 화장실 안의 작은 틈새들, 창틀 사이사이, 마룻바닥의 홈 같은 곳들에서 때를 제거하는 데 최적이지요.

오래 써서 칫솔모가 다 벌어진 칫솔도 청소에 활용할 수 있으니 버리지 말고 남겨두면 좋습니다. 의외로 무척 유용하게 쓰이는 도구랍니다.

감귤류 과일

레몬이나 오렌지, 영귤(스다치), 유자, 자몽과 같은 감귤류 과일들은 때가 낀 물건에 광택을 내는 데 아주 좋습니다.

냉장고 안에서 방치된 채 썩고 있는 감귤류 과일이 있습니까? 조금만 필요해서 샀다가 끝내 말라비틀어져 버린 레몬이나 영귤 따위가 있다면 일단 과육은 다 짜내고 껍질만 있어도 충분합니다.

싱크대나 수도꼭지, 주방 곳곳, 가스레인지 등 기름

때가 묻은 곳을 이런 과일 껍질로 문질러 닦은 다음 마른행주로 마무리하면 금세 반짝반짝해집니다. 먹지 못하는 식재료도 이렇게 유용하게 쓸 수 있지요.

정리를 즐겁게 계속하는 요령은 무엇일까요?
최종 목표를 '정리정돈'으로 둘 것이 아니라
그 이후의 일을 떠올리는 것입니다.
예를 들어 '더 괜찮은 사람이 된다!'라거나
'건강해진다!'라는 것도 좋겠지요?
'되고 싶은 나'를 설정한 다음.
그런 내가 사는 방의 이미지를 떠올려보세요.
정리는 더 나은 미래로 향하기 위한
단순한 통과 지점에 지나지 않습니다.

Part 6

즐겁게 정리해야
내 인생이 빛난다

정리가
나를 성숙하게
만든다

"사실 저는 정리를 좋아하지 않습니다."

이 말을 하면 많은 사람들이 놀라더군요. 솔직히 저는 "정리하는 거 너무 좋아해요"라고 말하는 사람의 마음을 잘 이해하지 못합니다.

그럼 저는 왜 정리를 할까요? 바로 '정리가 나를 인간으로서 성숙하게 해준다'라고 생각하기 때문입니다. 딱히 좋아하지는 않지만, 정리를 하면 할수록 저의 인간성이 성숙해진다고 생각하기 때문에 그것을 목적으로 두고 있는 셈입니다.

게임에서는 전투를 거듭하면서 파워와 무기를 차곡차곡 쌓아갈 수 있습니다. 정리도 이와 비슷한 감각으로 생각할 수 있지요. 꾸준히 정리를 해나가는 사이에 '인간성'이라는 파워가 레벨업하는 것 같은 기분이 듭니다. 그 느낌이 재미있어서 더욱 열심히 하기도 합니다. 일종의 수행이라고 할 수 있을까요?

아이들이 좋아하는 만화영화 〈호빵맨〉을 보면 '마늘 동자승'이라는 캐릭터가 등장합니다. 마늘 동자승은 마늘 주지 스님의 절에서 더부살이하는 수행자인데, 절의 마룻바닥을 걸레질하며 이렇게 노래합니다.

"수행은 힘들지만, 수행을 쌓다 보면 언젠가 나도 주지 스님이 된다네~"

제가 바닥을 걸레질할 때의 기분도 이것과 조금 비슷합니다. 정리를 할수록 '나'라는 인간이 점점 성숙해지고, 풍요로워지는 느낌을 받기 때문이지요.

진심으로 즐겁게 정리하는 요령

정리를 즐겁게 계속하는 요령은 이처럼 최종 목표를 '정리정돈'으로 두는 것이 아니라 그 이후의 일을 떠올리는 것입니다.

저는 '정리를 하면 나의 인간성이 한층 성숙해진다'

라고 생각합니다. 여러분도 이렇게 정리 이후의 모습을 떠올리면서 자신이 정말로 원하는 목표를 생각해볼 수 있습니다. 예를 들어 '더 괜찮은 사람이 된다!'라거나 '건강해진다!'라는 것도 좋겠지요? '내가 일하는 분야에서 성공한다!'나 '좋은 연인이 생길 것이다!'라는 것도 괜찮을 겁니다.

'되고 싶은 나'를 설정한 다음에는 그런 내가 사는 방의 이미지를 떠올려보세요. 만약 '건강한 삶을 누리는 사람이 된다'를 목표로 삼았다면 그다음에는 '건강한 삶을 유지하는 나는 어떤 방에 살까?'를 생각해볼 수 있습니다. '집의 모습은 어떤가?', '냉장고 안은 어떤 모습인가?' 등의 이미지를 구체적으로 떠올려보는 것이지요. 그렇게 생각하면서 지금 내 집과 냉장고 안을 살펴본다면 어떨까요?

'집 구석구석에 먼지 뭉치가 널려 있지는 않겠지', '냉장고에 유통기한 지난 음식이 쌓여 있지는 않을 거야', '애초부터 물건을 마구잡이로 사들이는 일은 절대 안 할걸' 같은 생각이 자연스럽게 떠오를 겁니다.

정리를 잘하지 못하는 사람은 정리 자체를 최종 목

표로 삼기 쉽습니다. 그래서 한번 깨끗하게 정리가 되면 거기서 끝났다고 생각하기 때문에 계속해서 말끔한 상태를 유지하지 못하는 것이지요.

이제는 정리의 끝에서 나를 기다리고 있을 '밝은 미래'를 최종 목표로 삼아보면 어떨까요? 정리는 더 나은 미래로 향하기 위한 단순한 통과 지점에 지나지 않는다는 것을 기억해야 합니다.

게임에서는 전투를 거듭하면서

파워와 무기를 차곡차곡 쌓아갈 수 있습니다.

정리도 이와 비슷한 감각으로 생각할 수 있지요.

꾸준히 정리를 해나가는 사이에

'인간성'이라는 파워가 레벨업하는 것 같은 기분이 듭니다.

그 느낌이 재미있어서 더욱 열심히 하기도 합니다.

일종의 수행이라고 할 수 있을까요?

좋은 습관은
주변으로
'전염'된다

'정리 습관은 주변 사람들에게 전염된다'는 사실을 알고 있나요?

가족 중 한 사람이 정리하는 습관을 가지면 자연스럽게 배우자나 자녀, 부모님 등 다른 가족 구성원들에게로 전해집니다. 어느새 가족 구성원들도 함께 정리를 시작하게 되는 것이지요. 우리 가족이 바로 그런 경험을 했습니다.

저는 집에서 "자, 함께 정리하자!"라거나 "집은 꼭 깨끗해야 돼!"라는 말을 절대 입에 올리지 않습니다. 그런데 어느 순간 보니 가족 모두가 당연한 일처럼 정리를 하며 살고 있습니다.

되돌아보면 결혼 전 사귀는 사이였을 때 아내의 집에 가보면 화장품 상자 같은 것들이 아무렇게나 널려 있는 적이 많았습니다. 그런데 이제는 그런 일이 전혀 없습니다. 얼마 전 아내에게 "당신 지금은 깨끗한 걸 엄청 좋아하지만, 옛날엔 딱히 그렇지도 않았잖아? 바뀌게 된 계기가 있었어?"라고 물어보았습니다. 그러자 아내가 이렇게 대답했습니다.

"그야 당신한테 받은 영향이 크지."

이제 아내는 바로바로 정리하지 않으면 마음이 불편해질 만큼 정리가 습관이 되었습니다. 오히려 저보다 정리하는 속도가 빨라서 제가 천천히 식사를 하고 있으면 어느새 그릇이 치워지고, 부엌과 식탁도 순식간에 깨끗해집니다.

네 살 된 딸아이도 정리를 무척이나 좋아합니다. 청소나 뒷정리를 하는 일이 재미있는지 늘 솔선수범해서 정리합니다. 휴일에 제가 "같이 놀러 나가자"라고 말하면 "아빠, 잠깐 기다려봐! 정리 다하고 깨끗해진 다음에!"라고 말할 정도입니다.

이처럼 가족 모두가 기분 좋게 정리를 하는 것은 제가 정리에 몰두한 모습을 보면서 '정리는 좋은 습관'이라는 이미지가 자연스럽게 뿌리내렸기 때문 아닐까요?

즐기는 모습을 보여주고 있나요?

정반대도 사실 적지 않습니다. 정리를 잘하는 사람이 한 명 있더라도 그 외의 가족들은 다들 정리가 서투른 경우이지요. 또 정리를 잘하는 사람이 "정리 좀 해!"라고 잔소리할수록 다른 가족들은 오히려 정리를 싫어하는 경우도 많습니다.

'가족 중에 정리를 잘하는 사람이 있다'라는 동일한 조건에도 불구하고 다른 가족 구성원들이 정리를 좋아하기도, 정리를 싫어하기도 하는 차이가 발생하는 이유는 무엇일까요?

좋은 습관이 전염되기 위한 필수조건이 딱 한 가지 있습니다. 바로 '즐기는 모습을 보여주는 것'이지요.

당신은 즐기면서 정리하고 있습니까? 이맛살을 잔뜩 찌푸린 채 "왜 또 나 혼자만 정리해야 해?"라고 중얼거리지는 않는지요? "왜 이렇게 자꾸 어지르는 거야.

내가 정리하면 뭐해? 금세 또 지저분해질걸. 에휴……"
하며 크게 한숨을 쉬지는 않습니까? 정리할 때마다 그런 모습을 보이면 주변 사람들은 '정리는 전혀 즐겁지 않은 일'이라고 받아들이고 자기도 하고 싶다는 생각 역시 들지 않을 겁니다.

저는 가족들에게 단순히 정리하는 모습 이상으로, '즐기면서 정리하는 모습을 보여주자'라고 늘 의식합니다. 그리고 깨끗하게 변화한 집을 보면서 저의 상쾌한 기분을 가족들에게 꾸준히 전달했습니다. "정리하면 쾌적해져서 기분이 엄청 좋아!"와 같은 말로 표현한 것이지요.

사람은 즐거운 일, 이에 더해 좋은 기분으로 마음까지 풍족해지는 행동을 하고 나면 자연스럽게 같은 일을 또 하고 싶어 하는 존재입니다. 정리에 관해서도 마찬가지라고 할 수 있습니다. '정리는 즐거운 일'이라는 생각이 들면 계속해서 정리하고 싶어집니다.

당신이 즐겁게 정리하는 모습을 보는 사이, 다른 가족 구성원들도 자연스럽게 "뭔가 재밌어 보이는데?", "그렇게 신나는 일이라면 나도 한번 해볼까?" 하는 기분이 들 겁니다.

힘들게 잔소리하지 않아도 가족 모두가 정리하는 습관을 익히기 시작하는 것이지요.

정리하는 습관은 전염됩니다.
다 함께 정리를 좋아하는 사람이 될 수 있어요!

'정리는
이래야 한다'는
규칙은 없다

앞서 정리 습관은 전염될 수 있다고 이야기했지요. 그런데 지금까지는 정리하는 방법을 몰라서 잘 못 했던 사람도 분명 있을 겁니다.

제가 정리 지도를 위해 의뢰인의 집에 방문해서 실제로 방바닥과 물건 등을 닦는 모습을 보여주면 의뢰인이 비로소 "아아, 이렇게 하면 되는 거구나"라고 이해하고, 그 방법에 따라 정리를 시작하는 경우도 많았습니다.

그런가 하면 반대로 너무 다양한 '정리 기술', '청소법'을 배운 나머지 지나친 지식 때문에 오히려 정리를 더 못 하게 되어버린 의뢰인도 있었습니다.

요즘에는 후자에 속하는 사람들이 훨씬 더 많은 듯합니다. 다양한 아이디어들, 다양한 청소 노하우들이 넘쳐나는 탓에 '정리는 이래야만 한다'라는 관념에 얽매여 꼼짝달싹도 못 하게 된 것이지요. 그렇게 스스로 '나는 정리를 할 줄 모른다'라고 믿는 사람이 제법 많습니다.

정리하는 '척'만 해도 깨끗해지는 비밀

"저는 전혀 정리할 줄 모르는 사람입니다."

걱정스러운 얼굴로 이렇게 말하는 의뢰인이 있었습니다. 정리 때문에 고민 많은 그에게 저는 이렇게 제안해봤습니다.

"그럼 정리 놀이를 해보면 어떨까요? 지금부터 정리하는 '척'을 해주세요. 그냥 머릿속에 떠오르는 방식대로 정리하면 됩니다."

'정리 놀이'란 별것 아닙니다. 그냥 손이 가는 대로 정리를 시작하면 되는 것입니다.

예컨대 청소기를 돌리지 않은 곳에 앉은 먼지를 살

짝 치우거나, 한 곳만 깨끗이 치우고 나머지 짐은 적당한 자리에 놓아보는 것이지요. 소위 말하는 '제대로 된 정리법'이 아니라 자신이 생각하는 방식대로 정리해보도록 한 것입니다.

재미있게도 의뢰인이 정리하는 '척'만 했을 뿐인데 주변이 조금씩 정리되기 시작했습니다. 실제로 정리하는 것과 같은 효과가 있었지요.

의뢰인이 "이런 식으로 하면 되나요?"라고 물어보기에 "네, 그런 식으로 하시면 됩니다"라고 조언했습니다. 저는 모든 의뢰인에게 이렇게 거듭 강조합니다.

"정리는 굳이 완벽하게 하지 않아도 되는 일입니다."

내가 할 수 있는 범위 안에서 하면 됩니다. 적당히 한다고 해도 아무 문제 없습니다.

정리에 "이런 건 하면 안 돼!"라는 절대적인 방법이 없다는 것은 제가 장담할 수 있습니다. 몇 번이나 다시 강조하지만, 스스로 할 수 있는 범위 안에서 해야 합니다. 기를 쓰고 하지 않아도 충분합니다. 적당한 정도면 됩니다.

　즐겁게 계속해나가는 것, 그것이 바로 최고의 정리 요령이니까요.

증폭되는
감정을
바로잡아주는 효과

집은 사는 사람의 현재 상태를 보여주는 곳입니다.

저는 종종 "선생님 댁은 항상 깔끔하게 청소되어 있겠군요"라는 말을 듣곤 합니다. 그러나 사실 우리 집도 늘 완벽에 가까울 만큼 정돈되어 있지는 않습니다. 조금 바쁘거나 출장이 계속되는 시기에는 예외 없이 집 안이 어수선해집니다. 그러나 그것도 결코 나쁜 일은 아닙니다.

저는 집을 '분주함의 지표'로 봅니다.

만약 집이 어수선해지기 시작하면 '업무량 분배를 잘 못했나? 너무 바빴나 보네, 좀 무리했군' 하는 생각에 직장에서의 일정을 재고하고 업무량을 조정합니다.

이처럼 집의 상태는 나의 행동을 체크할 수 있는 좋은 잣대가 됩니다. 물론 그렇다고 해서 '집이 깨끗하면 좋은 사람', '집이 더러우면 나쁜 사람'이라는 말은 아닙니다. 집이 당신의 상황을 객관적으로 보여주는 '거울'의 역할을 한다는 의미입니다.

여성 의뢰인 가운데 간혹 "생리 전에는 의욕이 통 없어져서 집이 지저분해진다"라고 말하는 경우가 있습니다. 반대로 "생리 전에는 닥치는 대로 집을 치우고 싶어져서 오히려 집이 평소보다 더 깨끗해진다"라고 말하는 경우도 있지요. 이처럼 자신의 기분과 집의 상태는 밀접하게 연결된 부분이 있습니다.

화가 났을 때야말로 최적의 정리 타이밍

무언가 화나는 일이 있으면 부글부글 마음을 끓이다가 자기도 모르게 가까운 사람에게 그 화를 풀어버리는 일이 있지 않나요? 그런 감정을 '청소'에 풀면 큰 도움이 됩니다.

청소를 통해서 스스로의 행동을 조절할 수 있으면 증폭되었던 감정을 점차 원활하게 해소할 수 있습니다.

울컥하는 순간 누군가에게 화풀이를 하기보다는 싱크대를 북북 닦거나 설거지를 하거나 바닥을 닦는 등, 물건으로 의식을 돌리는 것이지요.

내 마음보다 더 새까맣고 더러워진 물건을 찾아내서 열심히 닦아봅시다. 좋은 의미로 물건에 화를 푸는 것입니다.

무심하게 물건을 닦다 보면 어느새 화가 치밀어 끓어오르던 기분이나 부글부글하고 갑갑한 감정이 사라지고 잊혀갑니다.

화가 나 있을 때는 평소 이상으로 힘이 들어가기 때문에 더 잘 닦을 수도 있습니다. 실제로 분노 에너지를 청소에 풀면서 방이 깨끗해졌다고 하는 의뢰인도 있었습니다.

화가 났을 때야말로 청소할 최적의 기회인 셈이지요. 이처럼 분노의 감정을 청소에 풀어봅시다.

사람에게 화풀이를 하면 인간관계에 금이 가서 분위기가 악화되거나 나도 모르는 사이 남에게 피해를 끼칠 수 있습니다.

그러나 청소에 화풀이를 하면 누구에게도 해가 없을 뿐더러 방이 깨끗해지는 특별한 덤까지 딸려옵니다. 그야말로 일석이조이지요.

자괴감보다
자신감을
가져야 하는 이유

공간 심리 상담을 하다 보면 사장이나 경영자로 일하는 의뢰인을 만나는 경우도 많습니다. 그런 의뢰인들의 집을 방문하면 이런저런 짐들이 너저분하게 널려 있거나, 책상 주변이 어질러져 있는 모습을 볼 때가 적지 않습니다.

조직을 이끄는 사람, 무언가를 새롭게 만들어내거나 세상을 바꾸는 일을 하는 사람들 중에는 이처럼 정리를 잘 하지 않는 유형이 더러 있습니다. 말하자면, 정리는 못하더라도 아이디어가 뛰어나고 틀에 갇히지 않은 무언가를 만들어내는 사람이 많은 것이지요.

만약 지금 '난 정리를 참 못하네'라는 생각에 공연히 자괴감이 든다면 그럴 필요 없습니다. 오히려 자신감을 가져도 됩니다. 당신 역시 대단한 아이디어를 떠올릴 가능성이 높은지도 모르니까요.

아이디어를 적재적소에 활용하는 관점이 생긴다

다만 이런 유형을 보면 넘치는 물건들을 수습하는 방법에 익숙지 않거나 주변에 그 물건들을 잘 정리해주는 사람이 없는 경우가 많은 것 또한 사실입니다.

밖에서 무언가를 받아들이는 데에 집중하지만, 정작 그것을 활용할 일을 생각지 않는 경우도 있을 테지요. 새로운 발상과 아이디어를 내기만 하고, 뒤돌아보는 일 없이 계속 앞을 향해 달려가는 성향이라고 말할 수 있을 겁니다. 때로는 한 번 멈추어서 되돌아보고 반성하거나, 검증과 개선을 할 필요도 있겠지요.

정리를 못하는 사람이라도 정리를 습관화하다 보면 자신이 가진 것과 아이디어를 소중히 활용할 줄 아는 관점이 생겨납니다. 집이 정돈되는 것과 마찬가지로 자신의 아이디어를 재점검하고 개선을 거쳐 활용하는 방향으로 바뀌는 것이지요. 그리하여 '적재적소'라는 단어 그대로 스스로 가진 것을 가장 적합한 곳에서 활용할 수 있게 됩니다.

그러면 결과적으로 자신이 이리저리 노력하고 분골쇄신해가며 움직이지 않더라도 주위에서 먼저 도움의 손길을 내미는 경우가 늘어날 수 있습니다.

만약 지금 '난 정리를 참 못하네'라는 생각에

공연히 자괴감이 든다면 그럴 필요 없습니다.

오히려 자신감을 가져도 됩니다.

당신 역시 대단한 아이디어를 떠올릴 가능성이

높은지도 모르니까요.

정리하지 않으면
행복하게
살 수 없다?

"우리 아이는 통 정리를 안 해요."

"아무리 말해도 갖고 논 장난감을 밖에 그대로 내놓고 가요. 어떻게 해야 스스로 정리를 잘할까요?"

부모님들로부터 이런 상담을 곧잘 받습니다. 부모님들은 "정리해!"라고 입이 닳도록 잔소리해도 아이들이 좀처럼 말을 듣지 않는다며 고민합니다. 그럴 때는 어떻게 하면 좋을까요? 앞서도 같은 이야기를 했습니다만, 말을 듣게 만들기보다는 '정리는 즐겁다'는 걸 보여주는 편이 훨씬 더 효과적입니다.

'놀이'와 '정리'가 한 묶음이라는 생각을 심어주려면

실제로 상담을 받은 한 가정의 아이에게 어머니가 없는 곳에서 "왜 정리를 하기 싫으니?"라고 물어본 적이 있습니다. 그러자 이런 대답이 돌아왔지요.

"엄마는 '빨리 정리해' 아니면 '정리 안 하면 안 돼' 아니면 '정리를 안 하면 우리가 행복해질 수 없어' 같은 말만 해요. 근데 사실 정리하는 엄마 모습을 보면 하나도 행복해 보이지 않아요."

그 말을 들으니 '아아, 역시 아이들은 정확하게 보고 있구나' 하는 생각이 들었습니다. 그리고 말로 타이르는 것보다 더 순수하게 '정리가 즐거우니까', '정리하고 싶으니까' 한다는 생각을 하도록 도와주는 것이 더 중요하다는 깨달음을 얻었습니다.

아이들은 기본적으로 어른이 하는 일을 자기들도 직접 해보고 싶다고 생각합니다. 그러니 어른이 즐겁게 청소하는 모습을 보여주면 곧잘 따라 할 겁니다.

그런데 혹시 지금 "대체 왜 내가 정리를 해야 하지?", "어찌나 빨리 지저분해지는지 몰라"라며 짜증이나 화를 내면서 정리하고 있지는 않나요? 그런 당신의 모습을 보면 자녀가 '정리는 즐겁지 않은 일이구나'라고 느끼지 않을까요?

아이들에게 놀이는 즐거운 일입니다. 즐거운 일을 한 뒤에 "정리해!"라는 엄격한 말을 들으면 어떻겠습니까? '놀이는 즐겁지만 정리는 즐겁지 않다'라는 생각이 강해져서 점점 더 정리를 싫어하게 되지 않을까요?

그보다는 '놀이도 즐겁지만 원래대로 되돌려두는 것 또한 즐거운 일'이라고 느끼게 해주는 것이 가장 좋은 방법입니다. 최종적으로는 '놀이'와 '원래대로 되돌리는 일'이 언제나 한 묶음이라는 인식을 심어주면 좋겠지요.

잔소리보다 더 효과적으로 설득하는 방법

우선은 아이가 다 놀고 난 뒤 부모가 솔선수범해서 즐겁게 정리한 다음 바닥이나 탁자를 닦아봅시다.

무엇보다 '즐겁게' 정리하는 것이 중요합니다. "세상에, 이렇게 지저분한 걸 나더러 치우라는 거야?" 하면서 화를 내며 정리하면 아이는 '정리는 즐겁지 않은 일'이라는 인식을 품고 더욱 멀어져버립니다.

앞서 이야기했듯 우리 딸아이는 다 놀고 나면 언제

나 앞장서서 정리를 합니다. '놀이 다음에는 원래대로 되돌리는 습관'이 자연스럽게 몸에 익은 모양입니다. 목욕 시간에도 제가 욕실 바닥 따위를 닦고 있으면 "아빠, 뭐 해?" 하고 물어봅니다. 그때 즐겁게 "바닥 닦고 있지"라고 대답하면 "나도 같이 할래!" 하며 거품으로 자기 장난감이나 욕조를 닦습니다.

우선 나부터 스스로 즐기면서 정리하는 자세가 필요합니다. 그렇게 계속하다 보면 당신의 '뒷모습'을 본 자녀의 행동에도 틀림없이 변화가 나타날 겁니다.

또한 '정리하다'라는 말은 대단히 추상적이며 이해하기 어렵습니다. 그러니 아이에게도 그냥 "정리해" 하고 말하는 것보다 구체적으로 의미가 전달되도록 표현하는 것이 좋습니다.

예를 들어 "이건 원래 자리에 다시 넣자", "다 먹은 접시는 싱크대에 가져다줄래?", "인형은 이제 집에 보내주고 자장자장 해주자"와 같이 아이가 이미지를 떠올리기 쉬운 말로 의미를 전달하면 좋습니다.

연말에는
대청소 대신
좋아하는 일을 하라

11월 말 무렵부터 여기저기에서 일제히 '연말 대청소를 시작합시다!'라는 말이 들려옵니다. 텔레비전이나 잡지 등에서 빠짐없이 '대청소 특집' 기획이 등장하고, 다들 일 년간 쌓인 때를 벗겨내자며 소매를 걷어붙입니다. 그래서인지 좀처럼 대청소를 하지 못해 자기혐오에 빠지는 사람들도 적지 않습니다. 그러나 딱 잘라 말하자면, 연말 대청소 같은 것은 할 필요가 없습니다.

실제로 저는 대청소를 하지 않습니다. 연말이 다가오면 '이번 연말은 어떻게 즐겁게 보낼까?' 하는 생각밖에 하지 않습니다. 세상의 흐름에 역행하듯 여행을 떠나거나 즐거운 일, 하고 싶은 일을 하려고 합니다. 내 몸과 마음이 되도록 여유롭고 느긋하게 피로를 풀 수 있도록 쉬게 해주는 것이지요.

청소하지 않아도 되는 상황을 유지한다

저는 기본적으로 '청소하지 않아도 괜찮은 상황을 만들어야 한다'라고 생각합니다. 연말도 다르지 않지요. 단숨에 대청소를 할 계획을 세우기보다 늘 대청소가 필요하지 않도록 역산하며 정리합니다.

한 해의 시작부터 조금씩 집을 정리하다 보면 그 상황이 곧 기준이 됩니다. 그러니 해가 끝날 무렵에 힘들게 대청소를 할 필요가 없어지지요.

환기팬이나 욕실, 천장 구석구석 등은 주로 '평소 잘 청소하지 않으니 일 년에 한 번쯤은 닦아주어야 할 곳'으로 꼽힙니다. 하지만 이런 부분들도 평소에 잘 살핀다면 연말에 몰아서 청소할 필요가 없어집니다.

평상시에 욕조에 들어가면 내 몸을 닦는 김에 겸사겸사 벽도 닦아봅시다. 천장을 올려다보았을 때 '좀 얼룩덜룩하네' 싶으면 손으로 문질러주는 정도로 충분합니다.

부엌에 있을 때는 접시를 닦는 김에 싱크대를 닦아보면 어떨까요? 프라이팬을 가스레인지에 올려놓았을 때는 가스레인지 틀이나 환기팬을 행주로 닦아봅시다. 그 정도면 됩니다.

이렇게 바지런히 닦다 보면 작은 노력만으로 청결한 상태를 안정적으로 유지할 수 있습니다. 일 년 내내 방치해두기 때문에 때가 찌드는 것이고, 때가 단단히 찌들면 찌들수록 벗겨내는 일도 힘들어집니다. 큰일이 되는 것이지요.

그러나 매일 조금씩 정리하면 물걸레질만으로 깔끔한 상태가 됩니다. 굳이 세제도 필요 없습니다. 물에 적셔 꼭 짠 헝겊으로 가볍게 쓱쓱 문지르면 대부분은 깨끗해집니다.

힘주어 벅벅 닦지 마세요. 가볍게 쓱쓱 문지르면 됩니다. 문지르는 정도로도 충분합니다. 여러분도 이번 연말에는 대청소 대신 좋아하는 일을 해보는 게 어떨까요?

진정 원하는 것에
집중하게 해주는
정리의 마법

저는 지금까지 8000명 이상의 의뢰인들에게 정리 상담과 지도를 해왔습니다. 그리고 단순히 집만 깨끗해지는 데서 머무르지 않고 모든 의뢰인의 삶에 정말로 '좋은 변화'가 일어나는 것을 목격했습니다.

예를 들자면 그 전까지 좋은 만남이 없다는 고민을 안고 있던 의뢰인에게는 멋진 연인이 생겼습니다. 회사에서 큰 프로젝트를 맡거나 부부 사이가 좋아진 의뢰인, 냉랭하던 가족 관계가 회복되어 단란하게 가족 여행을 떠난 의뢰인 등 사례는 다양합니다.

또한 누구보다 저 스스로 삶의 방식이 180도 바뀐

것을 실감하고 있습니다. 가장 먼저 인상부터 변했다는 이야기를 자주 들었습니다.

집이 어수선한 상태로 살 때에는 제 마음이 힘들었던 탓인지 두 눈이 치켜 올라가서 "어쩐지 화난 사람 같다"라는 말을 들으며 이유 없이 두려움의 대상이 되곤 했지요. 다른 사람들이 보기에 다가가기 어려운 분위기를 풍겼던 모양입니다.

그랬던 제가 지금은 "흡사 부처님 같으시네요"라는 말을 들을 정도이니, 사람은 변하게 마련인가 봅니다. 실제로도 지금은 마음에 여유가 생겨 크게 화를 내거나 짜증을 내지 않습니다.

"나를 진심으로 원하는 사람을 위해 시간을 쓰고 싶다."

무엇보다 일하는 방식이 크게 바뀌었습니다. 앞서 이야기한 것처럼 예전에는 내 몸이 가루가 될 만큼 업무에만 몰두했지만 스스로를 소중히 여기는 방식으로 과감히 바꾸었지요. 그러자 일하는 시간은 전보다 줄었는데도 수입은 오히려 늘어나는 흐름을 타게 되었습니다.

예전에는 하루 일정을 분 단위로 쪼개가면서 바쁘

게 꽉꽉 채우는 버릇이 있었습니다. 건성으로라도 저를 '만나고 싶다'고 말해주는 사람이 있으면 어디든 개의치 않고 곧바로 날아갔지요. 하지만 아무리 기다려도 상대가 약속 장소에 나타나지 않고 바람을 맞는 일도 적지 않았습니다.

집에 거의 머물지 않다 보니 집 안도 지저분해졌습니다. 일부러 시간과 돈을 들여 의뢰인을 만나러 갔지만 약속은 틀어지고, 돌아오니 집은 너저분하고, 딸아이와는 좀처럼 놀아주지도 못하는 날들이 반복되면서, 상황은 설상가상으로 흘러갔지요.

그런 경험이 거듭되는 동안, '나를 진심으로 원하는 사람을 위해 시간을 쓰고 싶다'라는 생각이 점점 강해졌습니다.

가족을 우선하고 딸과 보내는 시간을 소중히 여길 수 있는 업무 방식으로 전환하고 싶다는 생각 역시 들었지요. 딸은 다른 누구보다 저와 함께하고 싶어 하는 존재이니 말입니다. 그런 딸과의 시간까지 희생하면서 어느 때고 남을 만나러 가는 일이 아이에게 미안하다는 생각이 들었습니다.

그 이후로 무리하게 업무 약속을 잡는 일은 그만두었습니다. 조금 잘난 척하는 것처럼 들릴지도 모르지만, 내가 '진심으로 만나고 싶다'는 생각이 드는 사람만 만나기로 결심한 것이지요. 그러다 보니 신기하게도 정신없이 일하지 않아도 일이 잘 진척되었습니다. 흐름이 바뀌기 시작한 겁니다.

그 결과 집에서 딸과 보내는 시간이 늘었고, 의뢰인에게 약속을 바람맞는 일은 없어졌으며 심지어 수입까지 늘어났습니다. 제가 꼭 바라던 업무 방식을 취할 수 있게 되었지요.

얼핏 정리와 삶의 방향은 아무런 상관없는 것처럼 느껴질 수도 있습니다. 그러나 그 관계는 매우 깊습니다. 정리를 하면 삶의 방식도, 방향도 크게 바뀌고 사고방식 역시 근본부터 바뀌어갑니다.

저는 이 모두를 직접 경험해보았습니다. 이 책을 읽는 당신도 꼭 한번 시도해보기를 바랍니다.

얼핏 정리와 삶의 방향은 아무런 상관없는 것처럼

느껴질 수도 있습니다.

그러나 그 관계는 매우 깊습니다.

정리를 하면 삶의 방식도, 방향도 크게 바뀌고

사고방식 역시 근본부터 바뀌어갑니다.

더 이상 스스로를 탓하지 않아도 됩니다

여기까지 읽어주신 모든 분들께 감사드립니다.

어떤가요? 조금이라도 할 수 있을 것 같은 기분이 들기 시작했나요?

만약 '나도 정리할 수 있을 것 같다'라는 생각이 들었다면 이제 되었습니다. 분명히 잘될 겁니다. 지금까지 정리를 잘할 수 없었던 것은 사소한 마음의 문제 때문이었을 거라고, 저는 생각합니다.

"나는 정리에 서툴러서……."

"정리를 하려면 일단 물건들부터 싹 다 버려야지!"

"치우려면 완벽하게 치워야 해!"

"아직 부족해. 이 정도로 정리를 마쳤다고 할 수는 없어."

이렇게 믿고 스스로를 지나치게 몰아붙였던 것은 아닐까요? 이제부터 그런 생각은 모두 잊어버리길 권합니다. 당신이 정리에 서툴더라도, 물건을 버리지 않더라도 집은 깨끗해질 테니까요.

완벽하게 깨끗한 집을 만들 필요는 없습니다.

단 한 곳만이라도 깨끗하게 정리할 수 있다면 그것으로 충분합니다. 지금까지보다 조금이라도 깨끗해졌다면 충분해요.

• • •

물건을 버리지 말 것

'꺼내기-닦기-제자리에 넣기'를 따라갈 것

'정리하자!' 하고 지나치게 기합을 넣지 말 것

적당히, 하고 싶을 때, 가볍게 해볼 것

'단 한 군데만 깨끗하게' 유지할 것

제가 이 책에서 이야기하고 싶은 것은 이뿐입니다. 이것을 꾸준히 계속하기만 해도 인생은 좋은 방향으로 흐름을 바꿀 수 있습니다. 실제로 이 정리법을 실천한 분들로부터 기쁜 소식이 속속 들립니다.

"왠지 정리가 즐거워졌어요."
"전혀 힘들이지 않았는데 집이 깨끗해졌어요."
"덤으로 멋진 연인이 생겼네요!"
"직업(사업) 운이 아주 좋아졌어요."
"가족 간의 사이가 좋아졌답니다."

자, 이제 당신 차례입니다. 내가 할 수 있는 것부터 시작해보세요. 그리고 꼭 기쁜 소식을 들려주세요. 진심으로 당신을 응원합니다. 이 책이 조금이나마 도움이 된다면 그보다 기쁜 일이 없겠습니다.

옮긴이 **윤재**

좋은 책, 재미있는 책을 많은 사람들과 함께 읽고 싶다는 마음으로 출판 기획자 겸 전문 일어
번역자로 일하고 있다.

버리지 않아도 정리가 된다

초판 1쇄 발행   2018년 6월 7일
초판 2쇄 발행   2018년 6월 29일

지은이 • 이토 유지
옮긴이 • 윤재

펴낸이 • 박선경
기획/편집 • 김시형, 권혜원, 박윤아, 이지혜, 한상일, 남궁은
마케팅 • 박언경
표지 디자인 • 엄혜리
제작 • 디자인원(031-941-0991)

펴낸곳 • 도서출판 갈매나무
출판등록 • 2006년 7월 27일 제395-2006-000092호
주소 • 경기도 고양시 덕양구 은빛로 43 은하수빌딩 601호
전화 • 031)967-5596
팩스 • 031)967-5597
블로그 • blog.naver.com/kevinmanse
이메일 • kevinmanse@naver.com
페이스북 • www.facebook.com/galmaenamu

ISBN 978-89-93635-93-5/03190
값 14,000원

• 잘못된 책은 구입하신 서점에서 바꾸어드립니다.
• 본서의 반품 기한은 2023년 6월 30일까지입니다.

이 도서의 국립중앙도서관 출판예정도서목록(CIP)은 서지정보유통지원시스템 홈페이지
(http://seoji.nl.go.kr)와 국가자료공동목록시스템(http://www.nl.go.kr/kolisnet)에서
이용하실 수 있습니다.(CIP제어번호: CIP2018014640)